Zeit

Blanko: Leer, unbeschrieben, weiß.
Unvollständig ausgefüllt, aber schon autorisiert.
Eine Verfügung, eine Vollmacht, ein Akt der Ermöglichung.
Papier ohne Balken und Gitter. Carte blanche?
Eröffnung und Verheißung, nicht ohne Erwartung.
Tabula rasa – Glücksfall oder Horror Vacui?
Purer Anfang. Reines Potenzial.
Forderung nach Resonanz.
Leere, gefüllt mit Verworfenem und Entwürfen,
ruhelosen Blicken und unruhigen Bildern.
Aufräumen, freiräumen. Reset, Neustart.
Wohltat, Überwältigung ins Weiß zu versenken.
Loslassen, denn: Leere Hände greifen besser zu.
Den Anfang vom Ende denken.
Schöpfen von Grund auf.

**Blank: Empty, nondescript, white.
Incompletely filled in, but already authorized.
A decree, a power of attorney, an act of enabling.
Paper without bars or grids. Carte blanche?
Opening and promise, not without expectation.
Tabula rasa—stroke of luck or horror vacui?
Pure beginning. True potential.
Demand for resonance.
Emptiness, filled with the discarded and drafted,
uneasy glances and restless images.
Tidy up, clear out. Reset, restart.
Relief of sinking the overwhelming into whiteness.
Letting go, because: Empty hands grasp better.
Thinking the beginning from the end.
Creating from the ground up.**

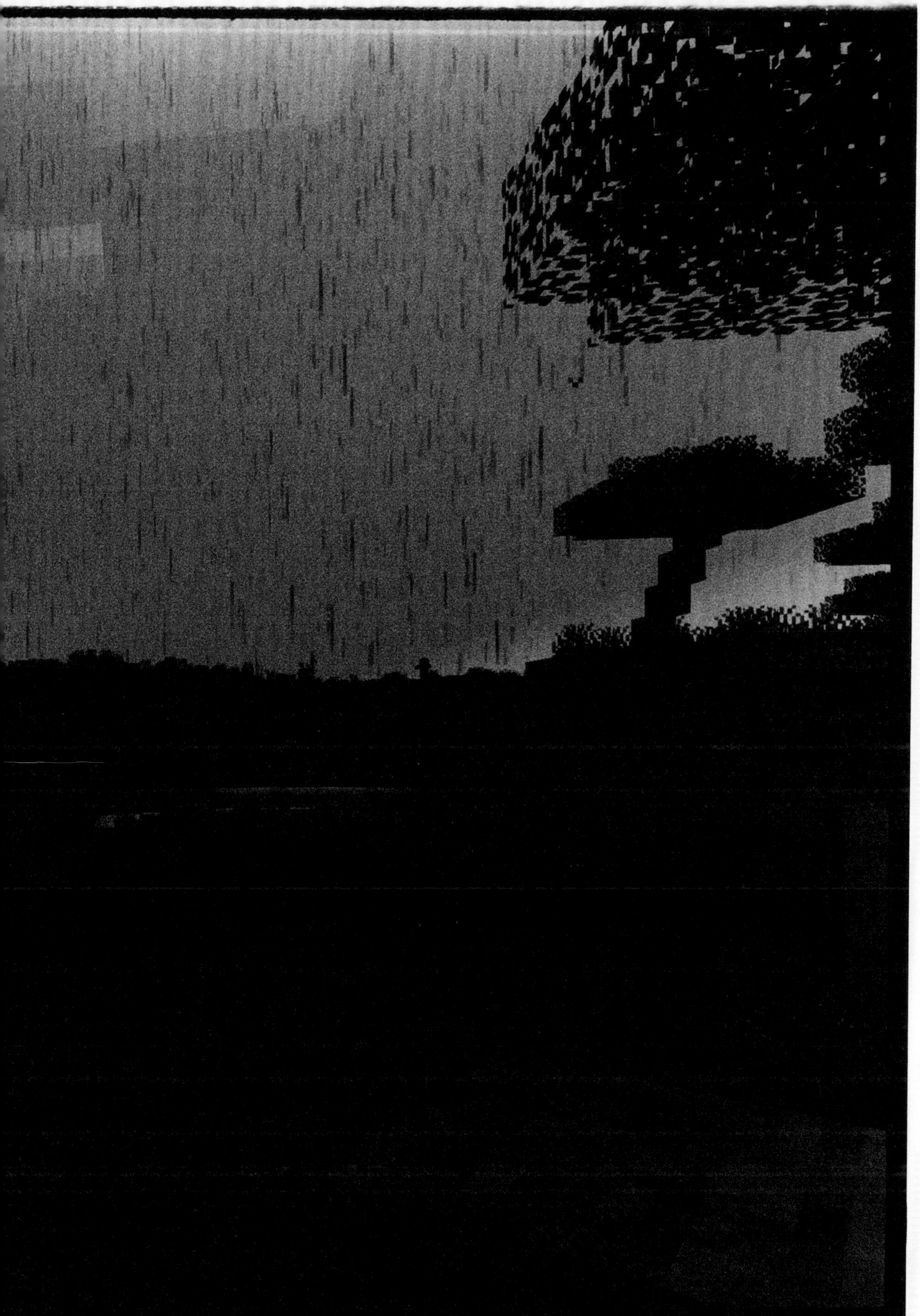

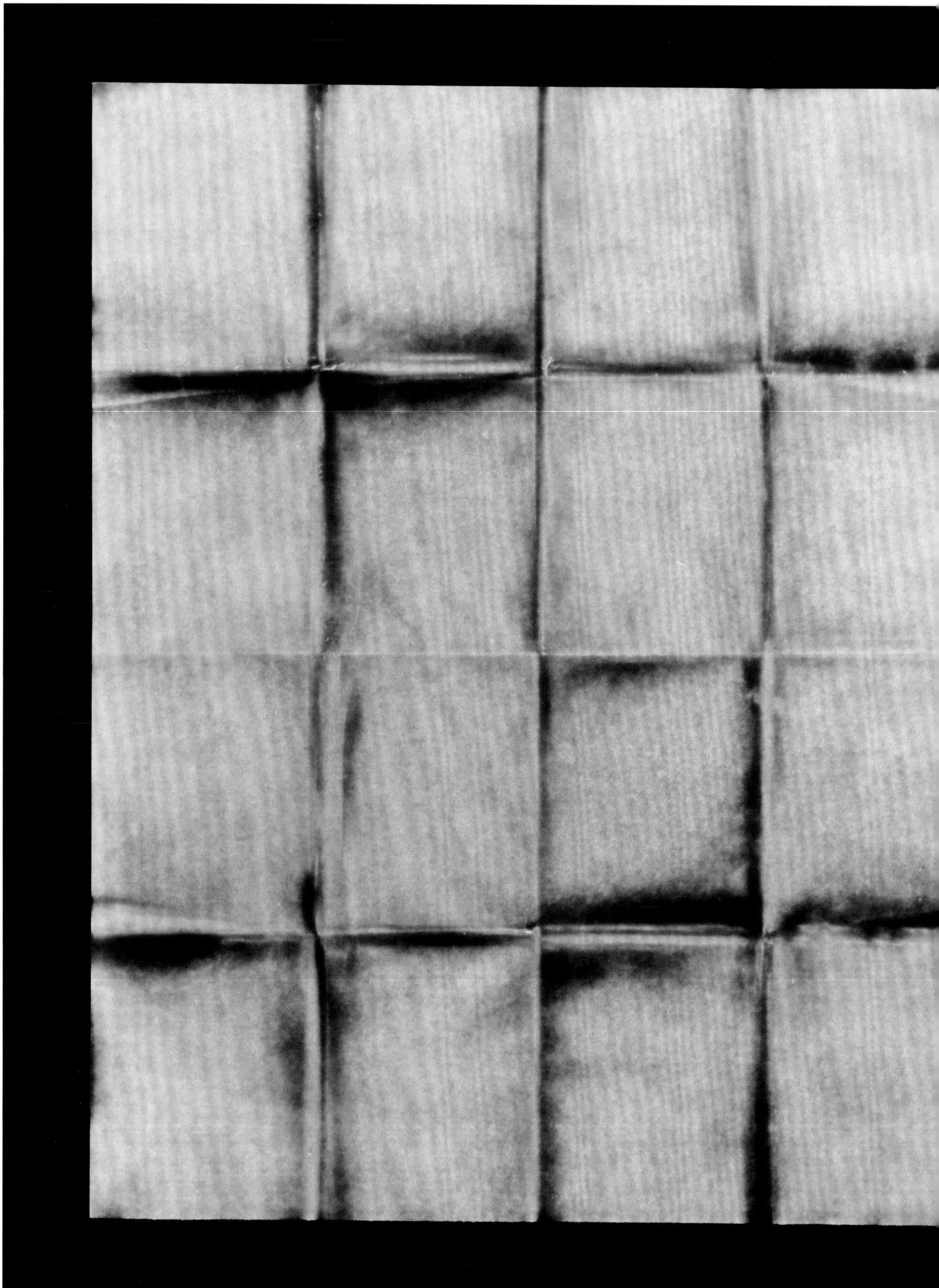

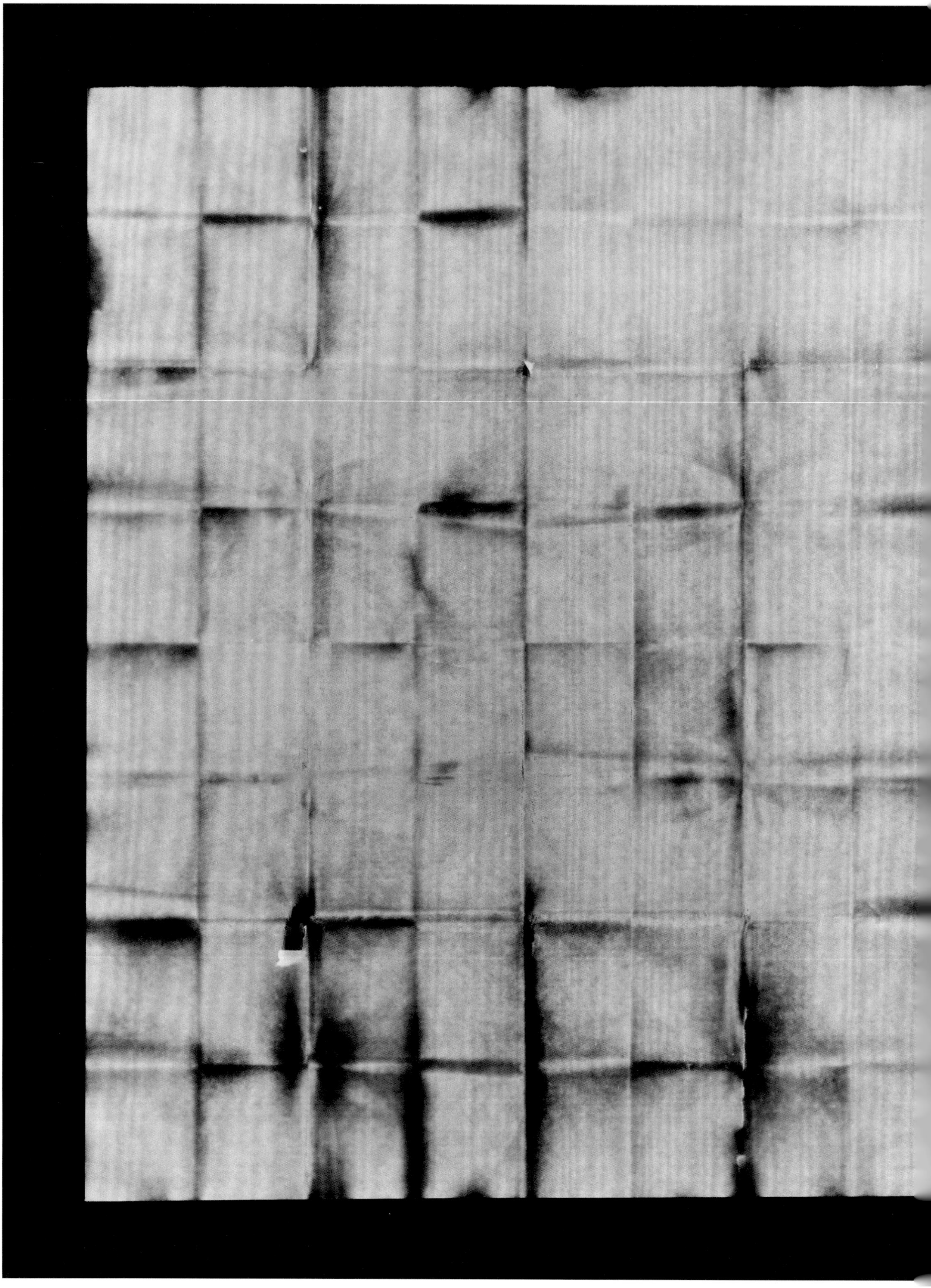

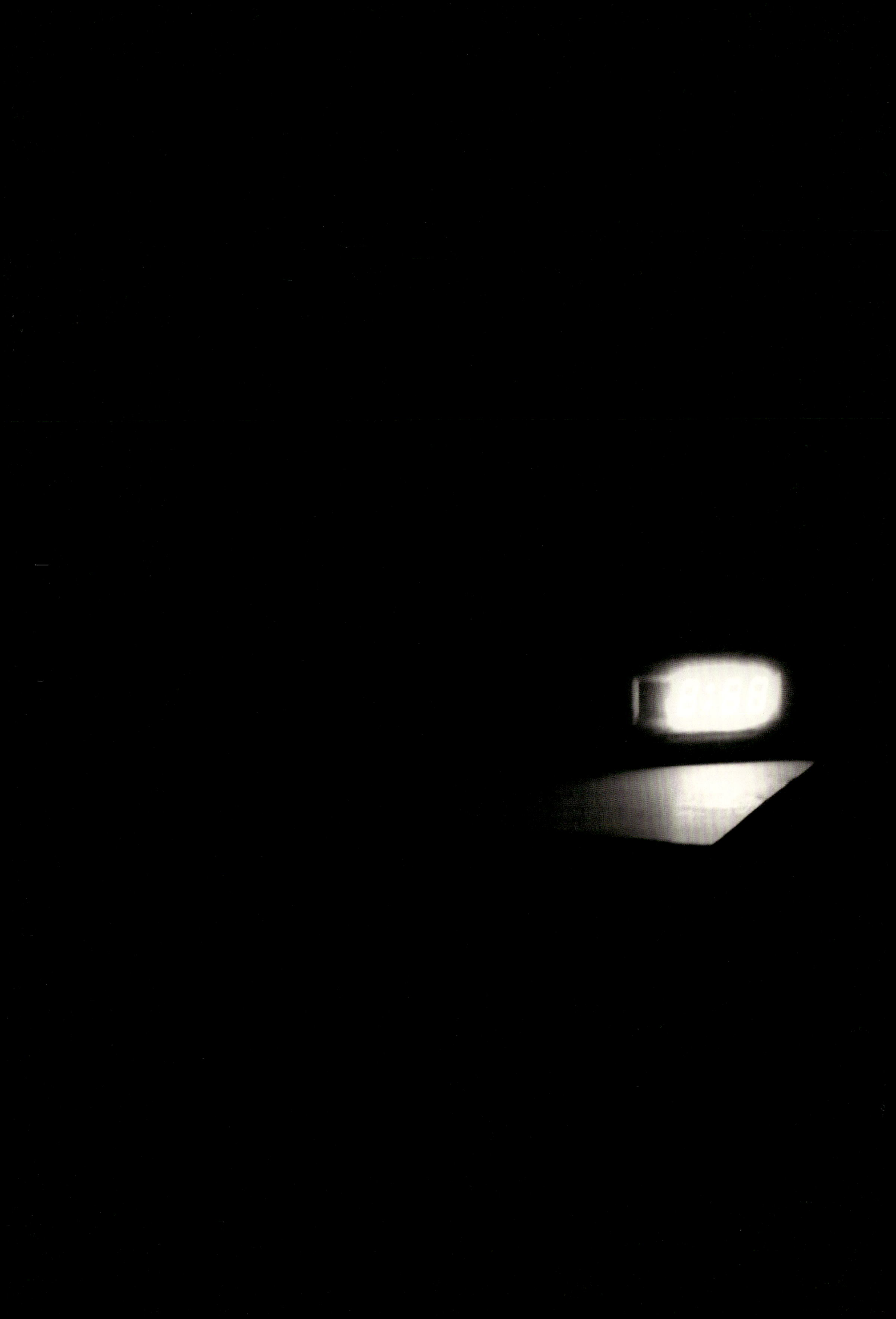

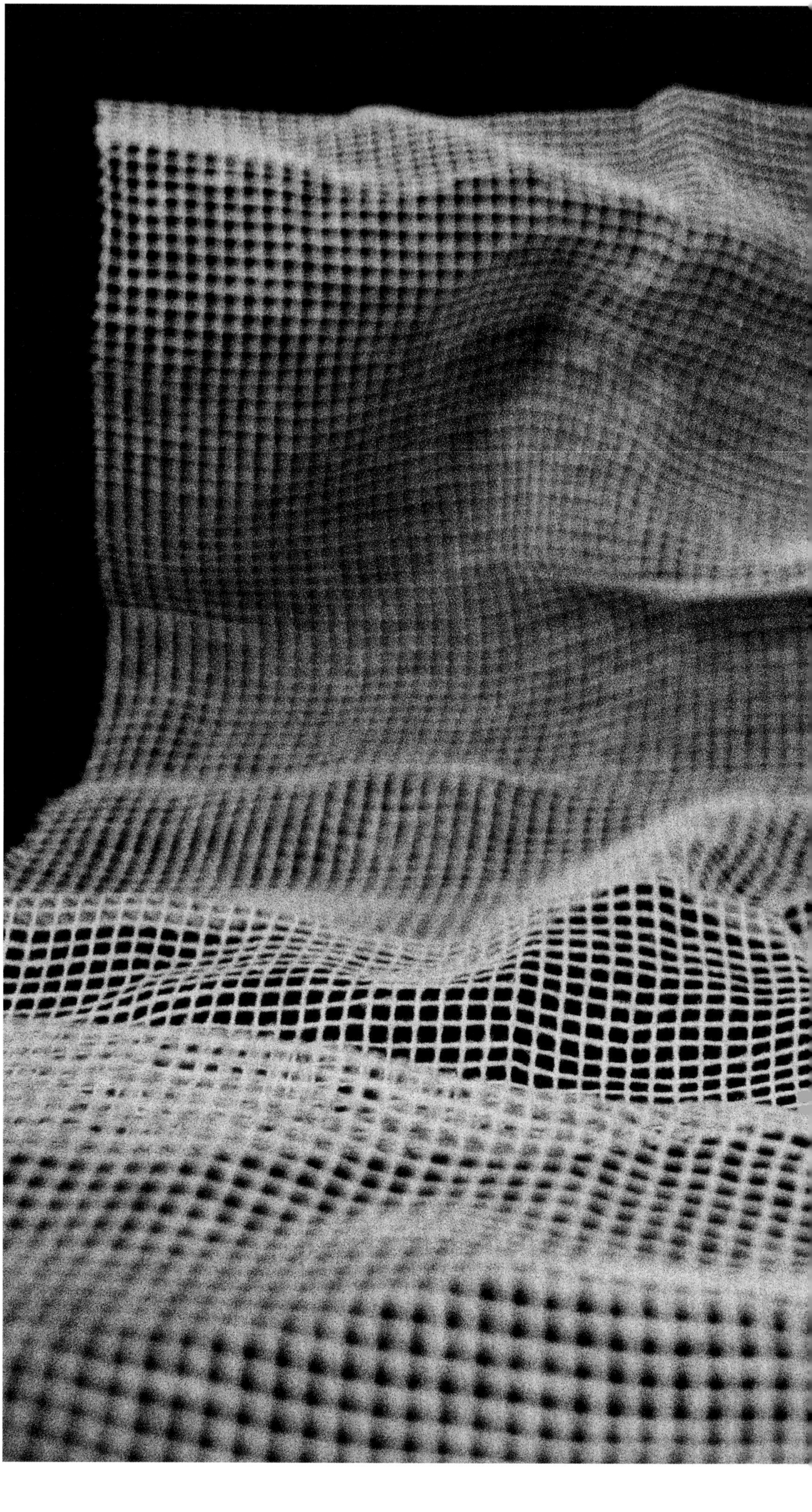

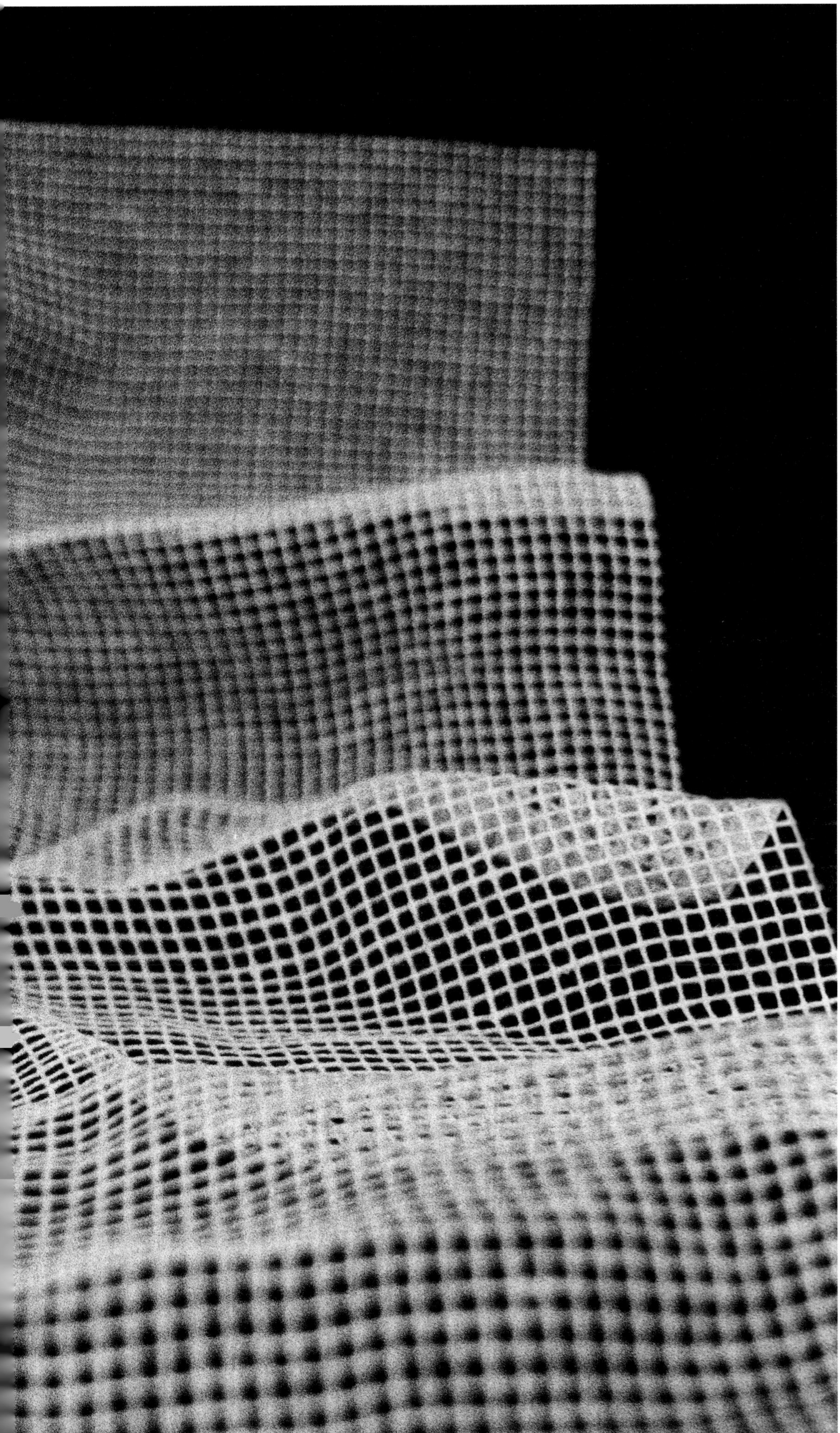

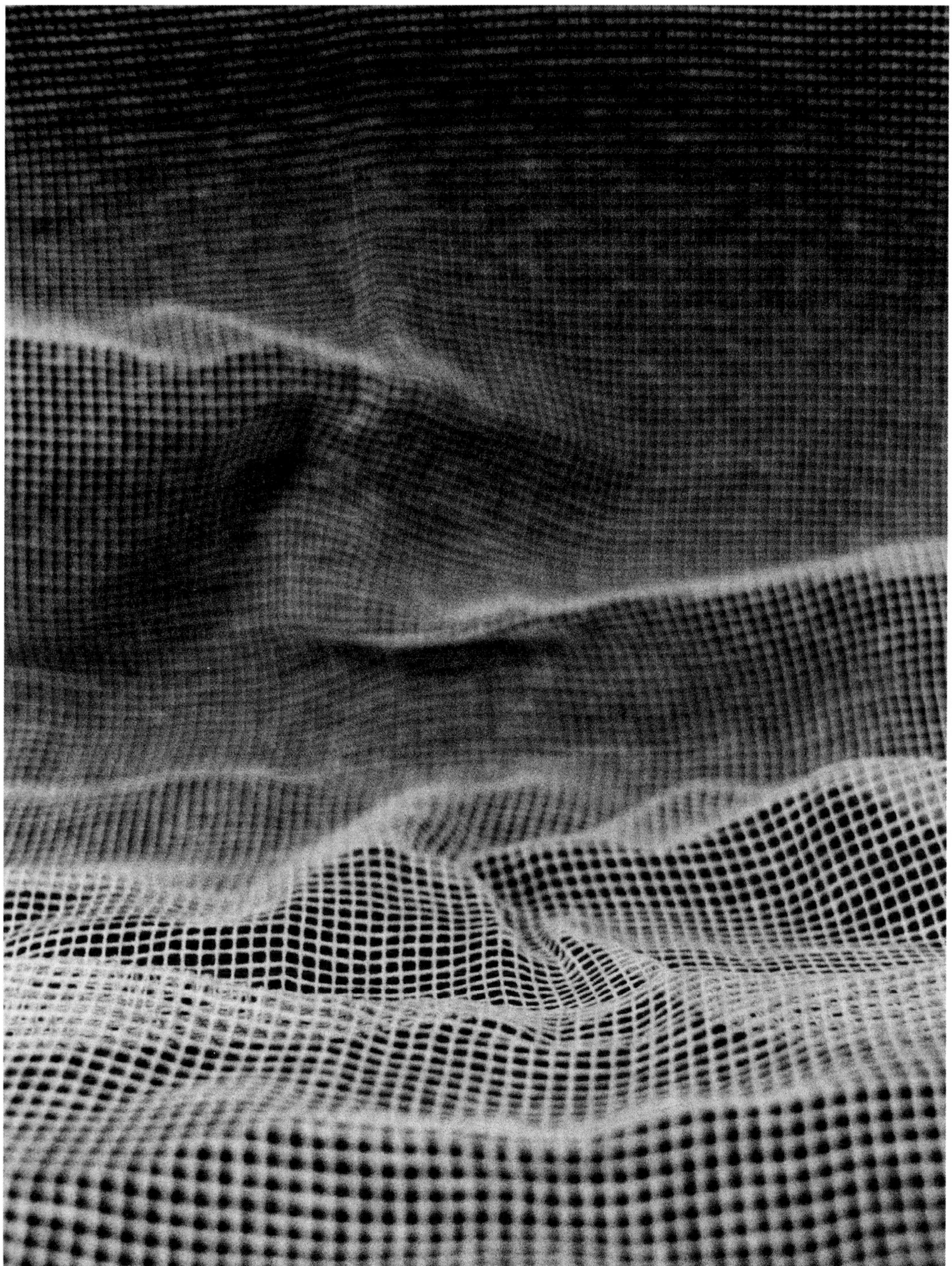

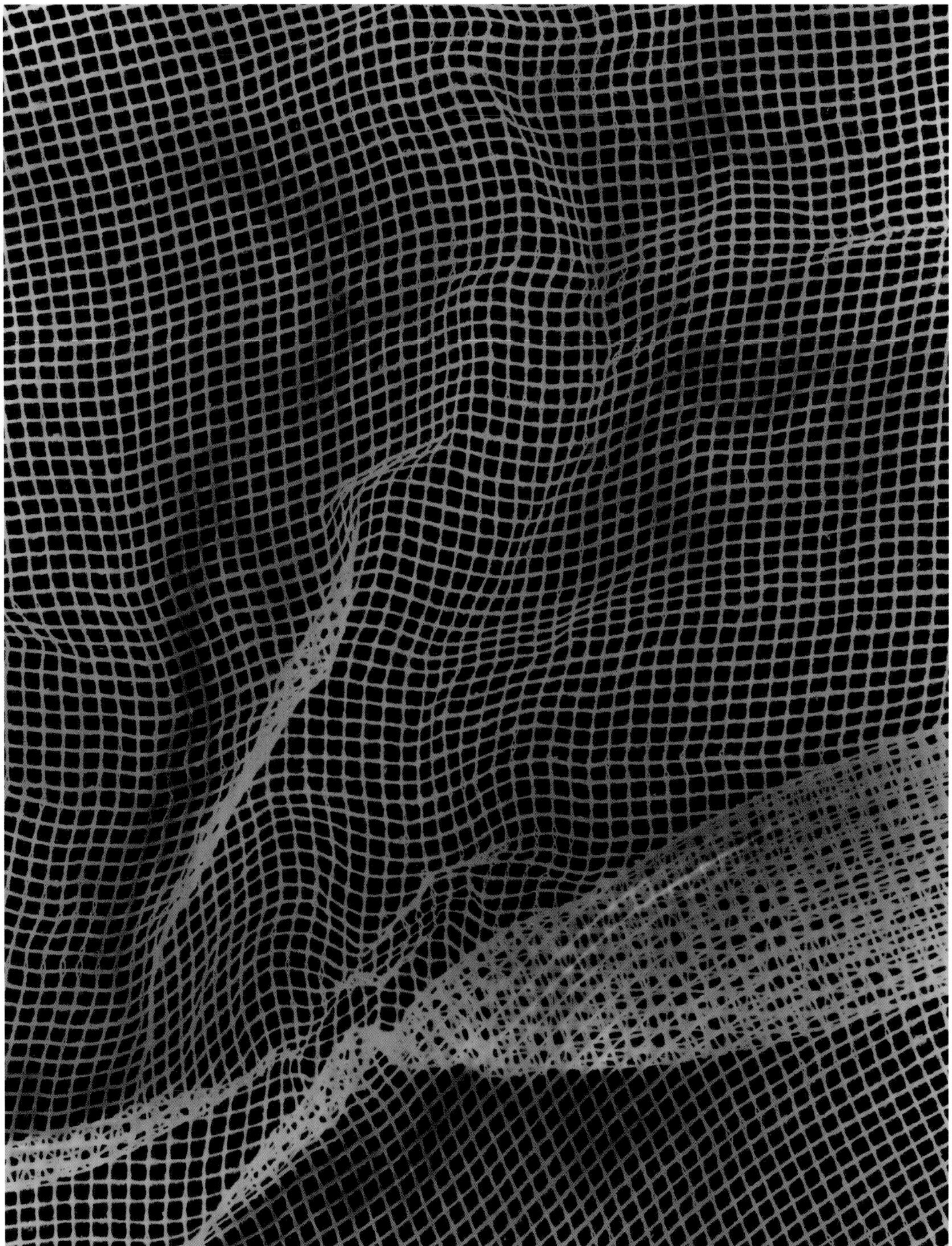

Die Fülle der Leere: alles auf Anfang

Die Überschrift dieses Buches ist programmatisch. Sie ist zugleich Titel einer zweiteiligen Arbeit und bündelt zentrale Aspekte im Schaffen der Künstlerin Franziska von den Driesch. „Blanko“ benennt ihre Grundhaltung: Reduktion. Freiräume vor den Augen schaffen Platz für innere Bilder und für mediales Bewusstsein. Ohne einen sichtbaren Gegenstand rücken die Elemente des Fotografischen selbst in den Fokus. Das Unbeschriebene macht vielschichtige Einschreibungen möglich. Erwartungen an die Fotografie werden zum Thema. Blanko ist auch Imperativ: Die Leere ruft zur Formgebung auf, die aus Transformationen besteht – vom Raum in die Fläche, vom Fließenden ins Fixierte, vom Grenzenlosen ins Format, vom schweifenden Blick in das statische Bild.

Teil eins der Arbeit „Blanko“ besteht aus einem Block von Fotogrammen. Gefaltetes Papier hat seine Spuren auf dem lichtempfindlichen Material hinterlassen. Das Papier als Bildträger und Papier als Bildgegenstand spielen zusammen. Das Fotogramm bezeugt einen physischen Kontakt. Das Objekt ist abwesend, das Bild suggeriert seine dauerhafte Präsenz. Der negative Schatten als weiße Fläche verführt dazu, die Spur mit dem Ursprung zu verwechseln. Die Formen resultieren aus einem strengen Konzept, das Eigenschaften und Eigenbewegungen des Objekts integriert. Die Künstlerin folgt bei der Bearbeitung des Papiers selbst gesetzten Anweisungen. Das Befeuchten, Falten, Reißen des Blattes stellt immer gleiche Handlungen dar, die nur durch den Eigensinn des Materials zu unterschiedlichen formalen Ausprägungen führen.

Im Hell und Dunkel des Bildes, in dem sich Licht und Schatten der Ausgangssituation wenden, scheint die Bearbeitung des Papiers als Faltung und Entfaltung auf. Dem Muster des Blattes wohnen selbstähnliche Formate verschiedener Größe inne. Durch Faltungen an den wechselnden Mittelachsen entsteht eine gesetzmäßige Ordnung. Die Wiederholung der Handlung führt zu einer Reihung der Flächen. Das Gleichmaß der Aktion spiegelt sich in der Gleichförmigkeit des Blattes wider. Und doch führen Unberechenbarkeiten des Gegenstands und Abweichungen im Zugriff sowie verschiedene Abstände zur Lichtquelle zu individuellen Momenten in der Bildeinheit. Der ästhetische Reiz gründet im internen Puls, im Schimmern des Rasters, im Rhythmus der Reihen und Spalten, in der Reibung aus Wiederholung und Differenz. Die Strenge der Geometrie ist durch die Unregelmäßigkeiten der Knicke gebrochen, die von unterschiedlichen Licht-und-Schatten-Verhältnissen flankiert werden. In den konstruktiven Charakter spielt ein organischer Zug hinein. Die konzeptuelle Papierbehandlung schlägt sich in einer wechselhaften Handschrift nieder.

The fullness of emptiness: everything from the beginning

The title of this book is programmatic. It is both the title of a two-part work and encloses central aspects in the work of the artist Franziska von den Driesch. "Blanko" touches on her fundamental approach: reduction. Open spaces within the view allow room for inner images and for medial awareness. Without visible subject, the elements of the photographic itself come into focus. The undescribed makes polyvalent inscriptions possible. Expectations of photography become thematized. Blanko is also imperative: the emptiness demands to be shaped, an act which consists of transformations—from space into surface, from the flowing into the fixed, from the boundless into the formatted, from the wandering gaze into the static image.

Part one of the work "Blanko" consists of a block of photograms. Folded paper has left its traces on light-sensitive material. Paper as image carrier and paper as depicted subject enter into a dialogue with each other. The photogram testifies to a physical contact. The object is absent; the image suggests its permanent presence. The negative shadow as a white surface tempts one to confuse the trace with the origin. The forms result from a rigorous concept, in which the properties and intrinsic movements of the object are integrated. The artist follows self-imposed directions while processing the paper. The wetting, folding, or tearing of the sheet always represents the same proceedings, which only through the intransigence of the material, lead to different formal manifestations.

In the lightness and darkness of the image, in which light and shadow refer to the initial situation, the processing of the paper appears as folding and unfolding. Self-similar structures of various sizes are inherent in the pattern of the sheet. A disciplined order appears through folding at alternating central axes. The repetition of the operation leads to a sequencing of surfaces. The uniformity of the exercise is reflected in the conformity of the sheet. And yet, the unpredictability of the object and deviations in operation, as well as varying distances to the light source lead to singularities in the pictorial unity. The aesthetic appeal is grounded in the internal pulse, in the shimmer of the grid, in the rhythm of rows and columns, in the friction between repetition and difference. The rigour of the geometry is broken by the irregularities of the creases, flanked by varying relationships between light and shadow. An organic quality plays into the constructive character. The conceptual treatment of the paper is reflected in a mutable handwriting.

Part two of "Blanko" consists of photographs that show bent, crumpled, or folded sheets of paper in front of various backgrounds, sometimes in an identifiable spatial situation, sometimes in front of unknown, monochrome anonymity. If the photograms in part one already depict a materially constructed plasticity,

Teil zwei von „Blanko“ sind Fotografien, die geknickte, geknüllte, gefaltete Papiere vor wechselnden Hintergründen zeigen, mal in einer identifizierbaren Raumsituation, mal vor monochromer Ortlosigkeit. Bilden schon die Fotogramme im Teil eins eine stofflich geprägte Plastizität aus, nimmt das Papier hier skulpturalen Charakter an. Dadurch werden Dingcharakter und Materialität des Papiers formuliert und dessen Formbarkeit und damit skulpturale Qualität markiert und eingesetzt. Licht und Schatten als fotografische Gestaltungselemente treten auch als Modellierung auf. Indem der klassische fotografische Bildträger als plastisches Objekt auftritt, gewinnt auch die Fotografie selbst den Charakter eines physischen und taktil erfahrbaren Gegenstands. Daran ist ablesbar, dass es der Fotografin um die Fotografien, um die Fotografie und das Fotografische selbst geht. Das vermeintlich und vermutet Außerfotografische als abzubildender Gegenstand wird aus dem innerfotografischen Arsenal rekrutiert. Stoff und Strukturen sind Thema und Motiv.

Doch auch der ausgewiesene Selbstbezug ist nicht frei von Referenzen auf Außerbildliches. „Blanko“ lässt sich auch als einen Brief lesen, der gefaltet und entfaltet ist in mehreren Zugriffen, der Anfang oder Ende setzen könnte, der unbeschrieben bleibt, der Sender und Empfänger verbindet und diese doch unverbunden zurücklässt. Hier kann das unendliche Potenzial des Austausches zum Problem werden, bei dem die Abwägung die Lösung unmöglich macht und das Sprechen in den Falten des unübersichtlichen Wortarsenals verschwindet.

here the paper takes on a sculptural character. In this way, the tactile character and materiality of the paper are formulated, and its malleability and therefore sculptural quality are marked and employed. Light and shadow as photographic design elements also appear as modeling. As the classic photographic image carrier presents itself as a sculptural object, the photograph itself also acquires the character of a physical and palpably perceptible object. This indicates that the photographer is concerned with the photographs, with photography and the photographic itself. The supposed and assumed extra-photographic as the object to be depicted is recruited from the inner-photographic arsenal. Fabric and structures are subject and motif.

But even the designated self-reference is not free of references to the extra-photographic. "Blanko" can also be read as a letter that is folded and unfolded at multiple access points, that could posit beginning or end, that remains blank, that connects sender and receiver and yet leaves them disconnected. Here, the infinite potential of exchange can become a problem, where deliberation makes the solution impossible and speech disappears into the folds of the confusing arsenal of words.

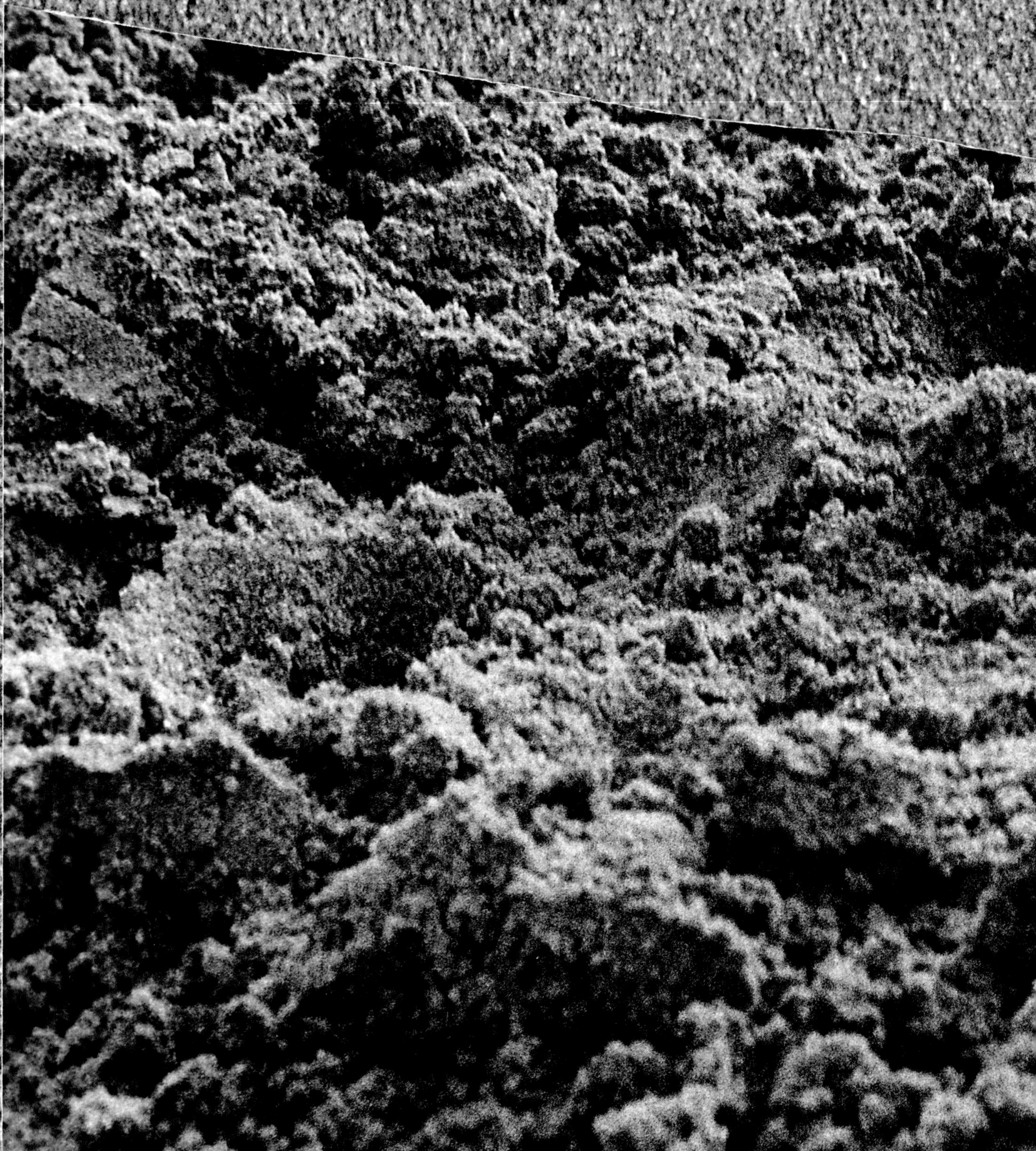

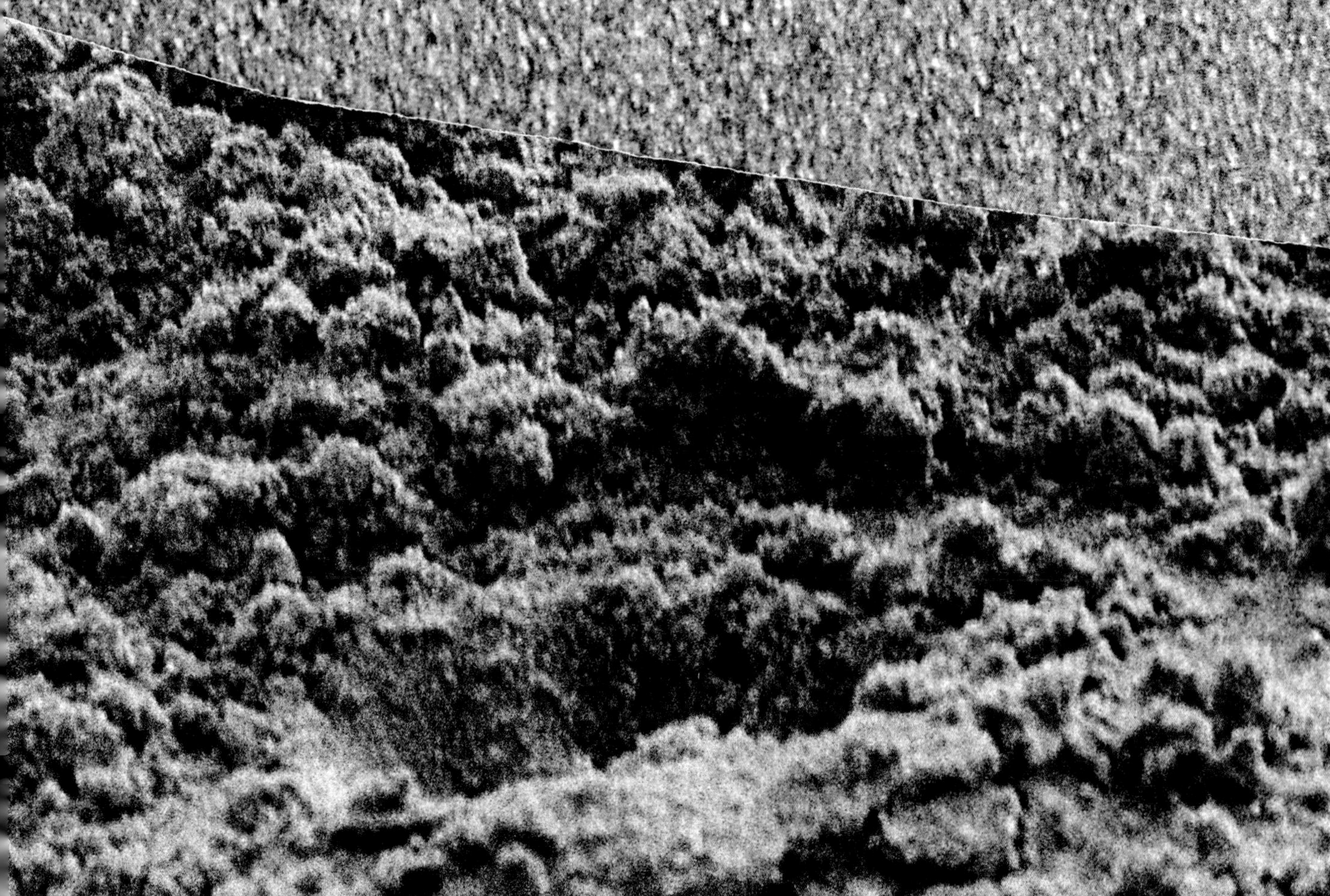

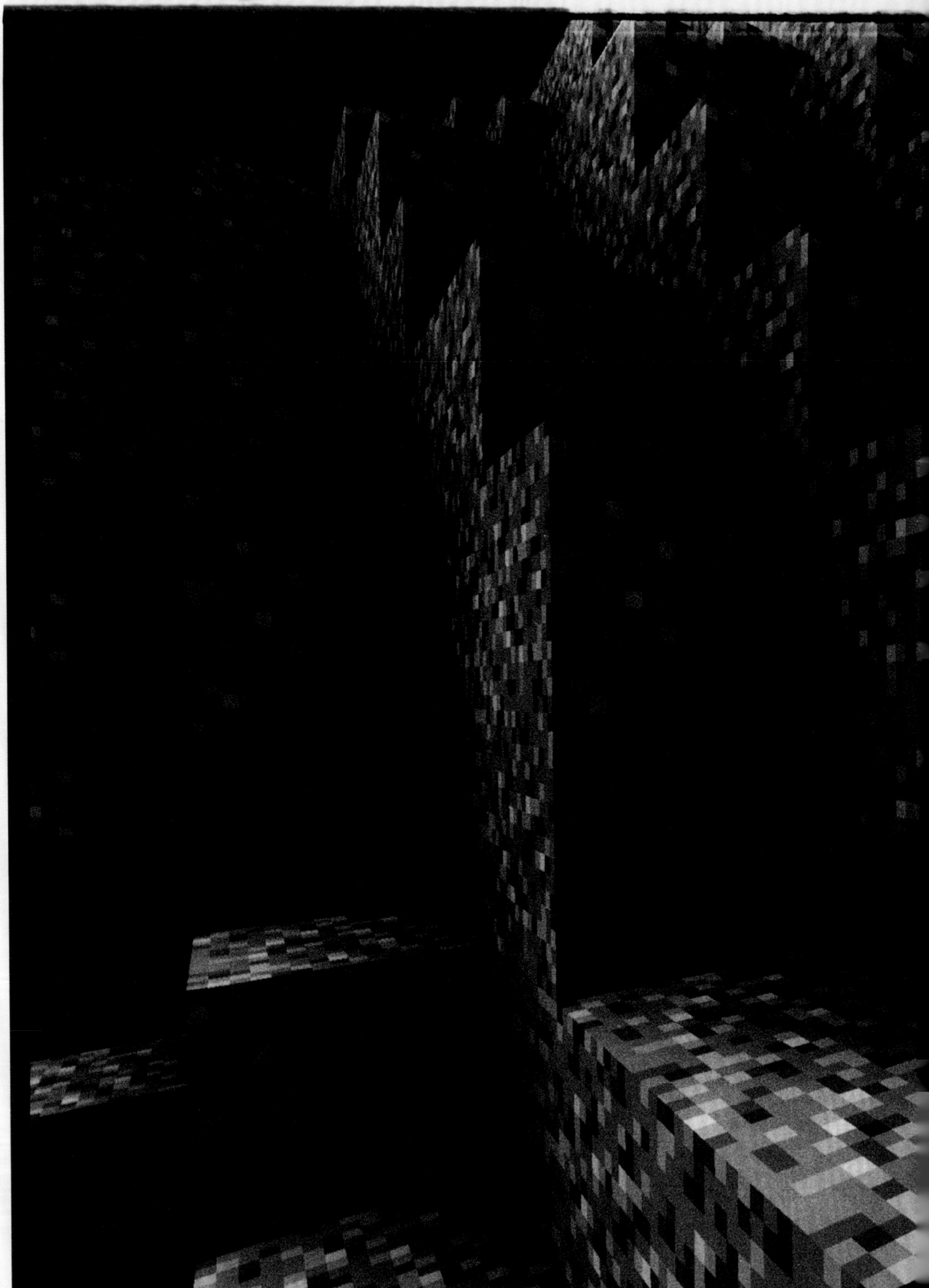

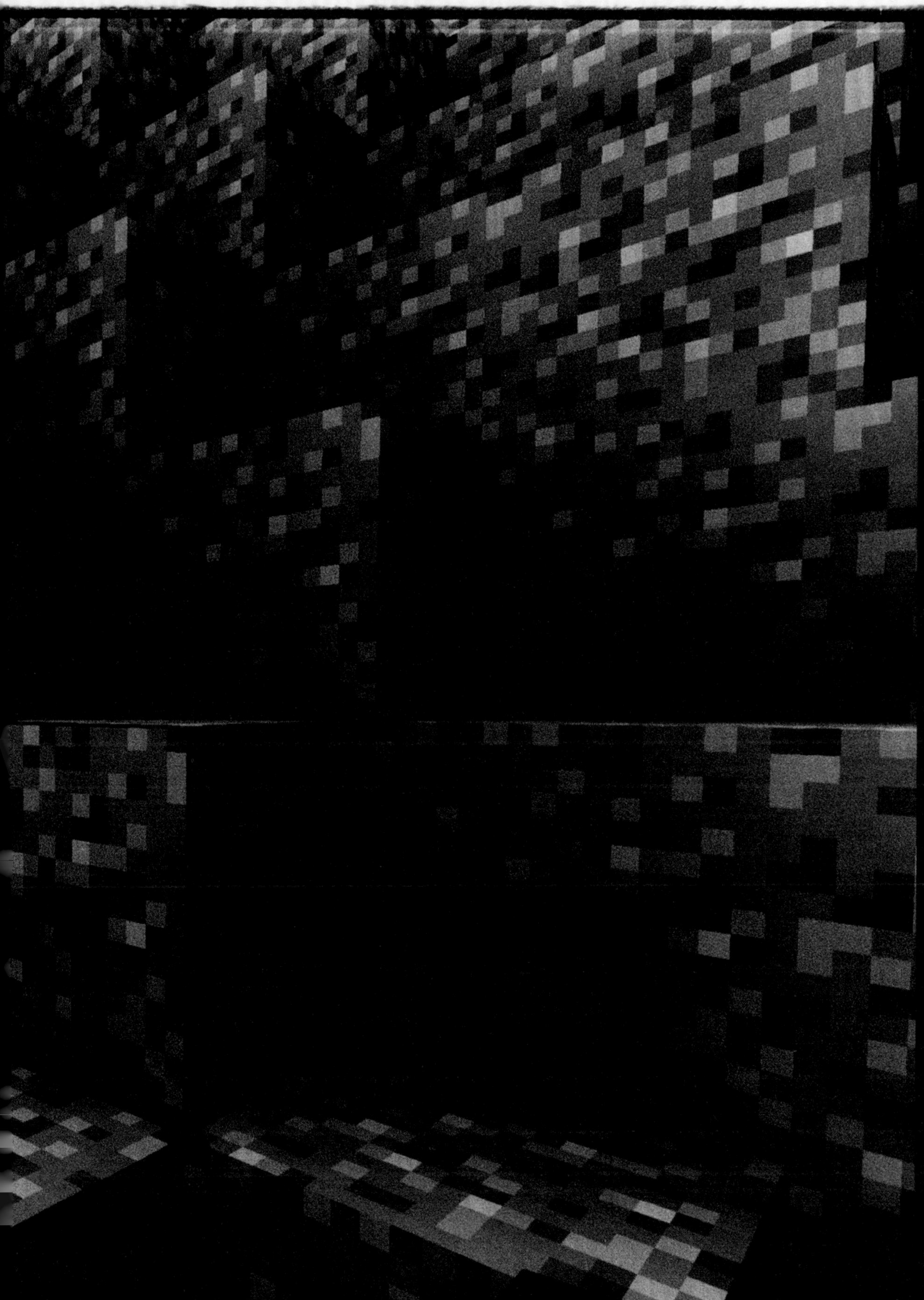

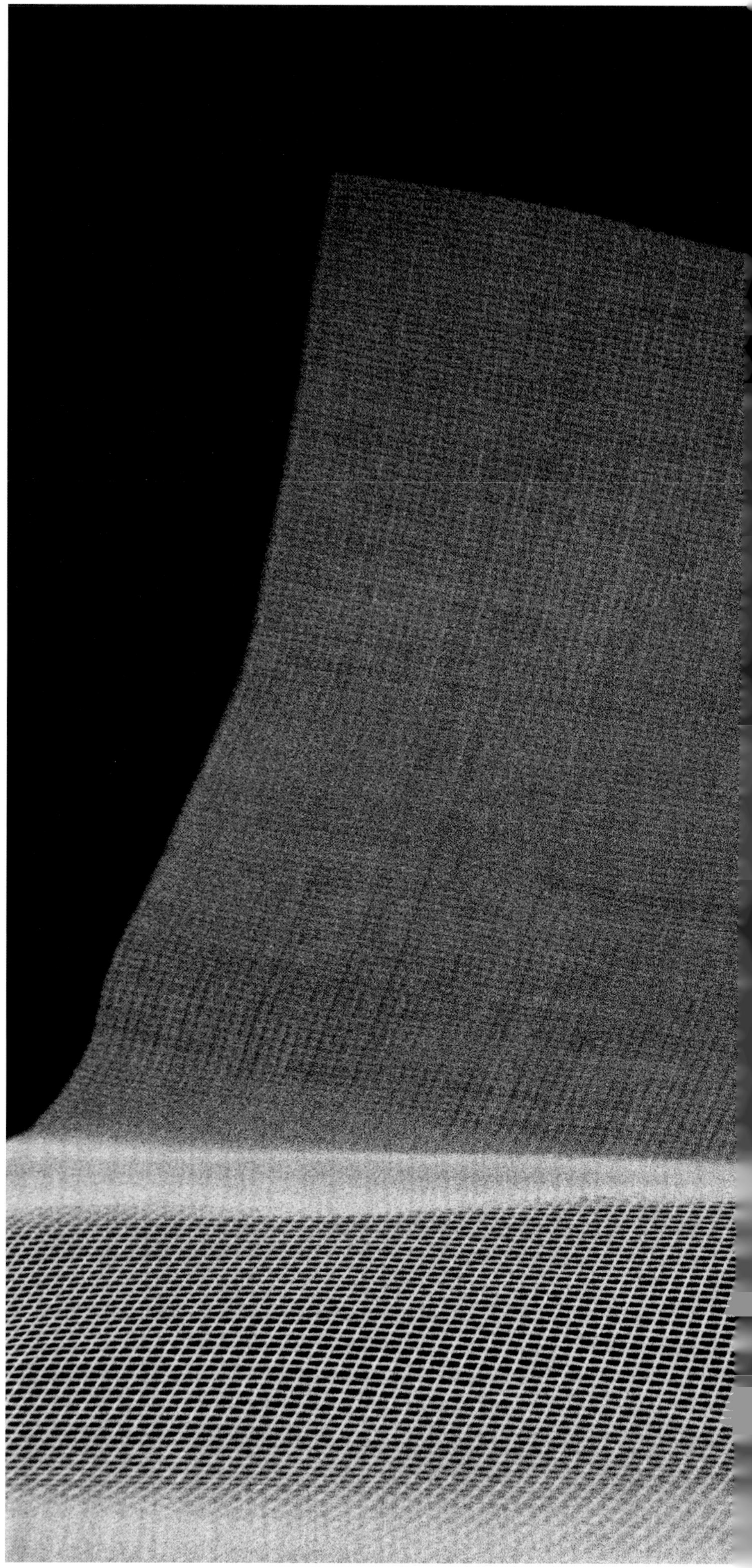

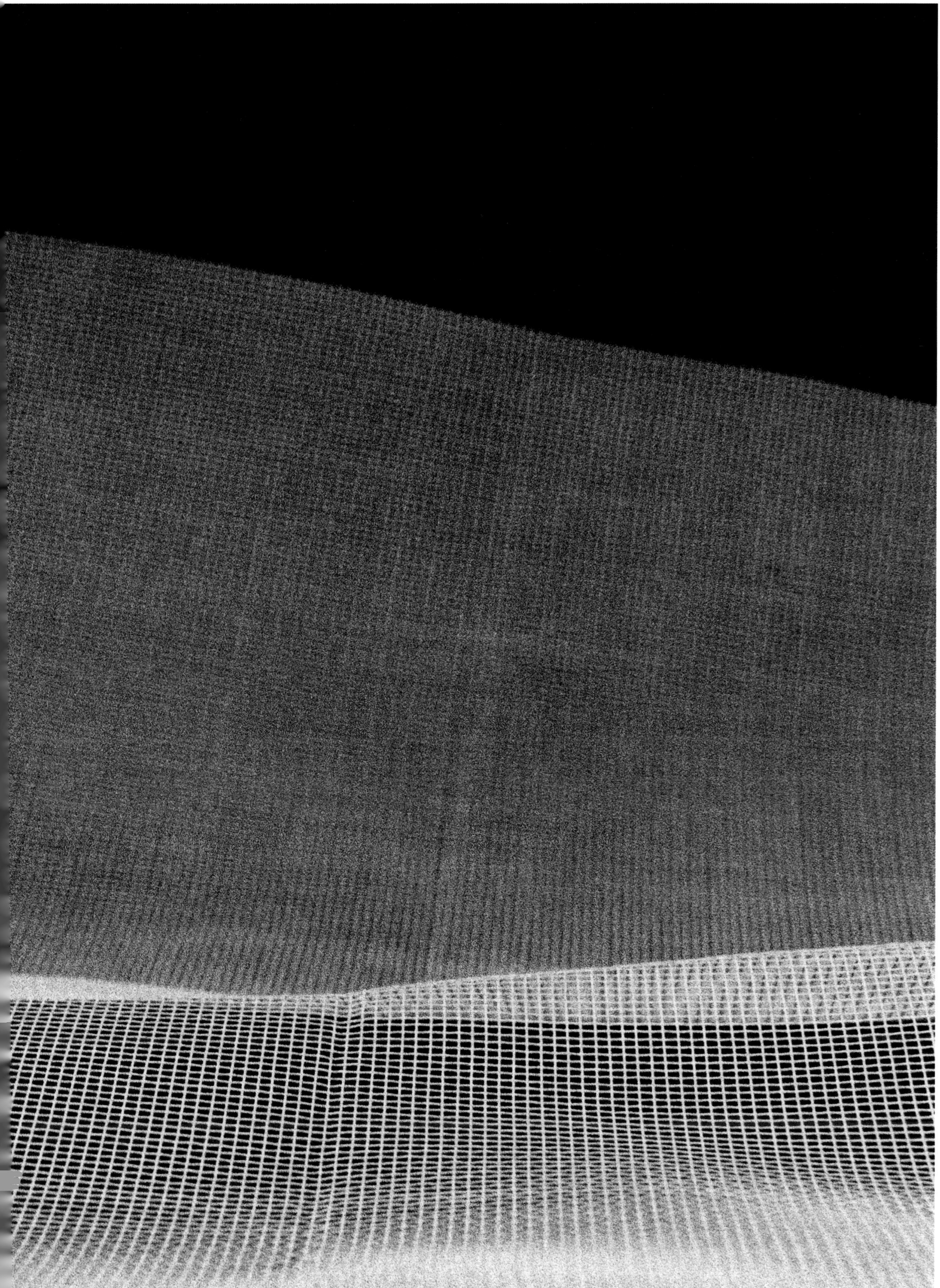

Papier: vom Material zum Motiv und zurück

Ein Grundimpuls für Franziska von den Driesch ist die tägliche fotografische Praxis, auch das „Handwerkliche" genannt. Die Erfahrung mit dem Material und mit seiner Behandlung schließt das Werk als Werkstoff und als Ergebnis des Werkprozesses ein. Durch die Hand der Künstlerin geht Papier, insbesondere in der analogen Fotoarbeit. Aber auch im Digitalen wirkt das Papier implizit mit, als Vorstellungsgröße für die spätere Verwendung der Aufnahmen, als Formatgedanke und Bildträger.

In der Behandlung des Papiers ist der Charakter seiner Stofflichkeit erfahrbar. Die Biegsamkeit, die Verletzbarkeit, aber auch der Eigensinn, die Sperrigkeit, eine Formbarkeit, in der das Material aktiv und spezifisch mitspielt. Die Eigenschaften des Papiers lassen sich in den unterschiedlichsten Zusammenhängen erleben. Noch immer ist im Alltag Papier omnipräsent und für Information, Speicherung, Organisation, Kommunikation und Distribution unverzichtbar. Am Papier lassen sich – wie in der Fotografie – die komplexen Transformationen vom Analogen zum Digitalen erkennen, wobei das klassische greifbare Trägermaterial sich gegen die körperlose Virtualität erfolgreich zur Wehr setzen kann.

Im Werk der Fotokünstlerin zeigt sich Papier in seinen spezifischen Eigenschaften und ästhetischen Qualitäten. Es wirkt aktiv am Bild mit und macht es erst möglich. Die Dicke, das Gewicht, die Tönung, die Faserstruktur, die Oberflächenbeschichtung, das Alter: Merkmale, die mitbestimmen, wie sich die Fotoarbeit darstellt. Wir als Betrachtende schreiben dem Papier gerne die Funktion der Tabula rasa, der geduldigen Projektionsfläche für die Materialisierung von Gedanken oder Bildern zu. Doch auch wir wissen aus dem Alltag um die vielen Erscheinungsformen und Funktionen des Papiers. Um seine Magie und Aura, wenn es sich um ein Dokument aus vergangenen Zeiten handelt oder um ein mit allen Sinnen erfahrbares Relikt aus einer fast vergessenen Lebenskonstellation. Das Papier ist ein großer Erzähler und virtuoser Formgeber aus seiner eigenen, von historischen Zugriffsmalen geprägten Stofflichkeit heraus.

Die Künstlerin lässt in Auto-Luminogrammen altes gelagertes Fotopapier selbst agieren. Auch in Fotogrammen tritt Papier als Trägermaterial und als Motiv auf. Die Berührung der Bögen untereinander hinterlässt eine Spur. Die Motive zeigen Abrisskanten, die den physischen Zugriff der Bildautorin dokumentieren und das Format aufbrechen. Die Blätter erinnern an den Schattenriss, mit dem die Fotografie in ihrer Frühzeit verglichen wurde. Der Schattenfall ist der Akteur, der aus dem Licht und mit dem Licht die Konturen des Bildobjekts „reißt", ein Herausschneiden des Gegenstands aus dem Raum mit der Kontur.

Paper: from material to motif and back

A basic impulse for Franziska von den Driesch is the daily photographic practice, also considered to be "craft". The experience with the medium and with its treatment includes the work as a material and as the result of the working process. Paper passes through the artist's hand, especially in the analog photographic work. But paper also has an implicit effect in the digital, as an imaginative variable for the later use of the photographs, as a formal consideration and image carrier.

In the treatment of paper, the character of its materiality becomes apparent. The pliability, the vulnerability, but also the stubbornness, the bulkiness, a malleability in which the material plays an active and specific role. The properties of paper can be experienced in the most diverse contexts. Paper is still omnipresent in everyday life and indispensable for information, storage, organization, communication and distribution. On paper—as in photography—the complex transformations from the analog to the digital can be seen, whereby the classic tangible carrier material can successfully defend itself against the disembodied virtuality.

In the work of the photo artist, paper reveals itself in its specific properties and aesthetic qualities. It actively participates in the image and makes it possible in the first place. The thickness, the weight, the tint, the fiber structure, the surface coating, the age: characteristics that help determine how the photographic work presents itself. As viewers, we tend to ascribe to paper the function of the tabula rasa, the patient projection surface receiving the materialization of thoughts or images. But we also know from everyday life about the many manifestations and functions of paper. About its magic and aura, if it is a document from past times or a relic from an almost forgotten constellation of life that can be experienced with all senses. Paper is a great storyteller and virtuous creator of form, defined by its own materiality, marked by historical points in its history.

In Auto-Luminograms, the artist allows aged and long-stored photographic paper itself to perform. Also in photograms paper appears as a carrier material and as a motif. The contact of the sheets with one another leaves a trace. The motifs display torn-off edges, which document the physical intervention of the author and break up the format. The sheets are reminiscent of the silhouette to which photography was compared in its early days. The cast shadow is the actor who, from the light and with the light, "tears" the contours of the depicted object; a cutting out of the object from the space using its contour.

The preparatory procedures of folding and moistening also inscribe direct traces on the photographic paper. In the exposure, the sheet does not lie flat; the sharpness varies, the shadow falls differently. The sheet gains sculptural presence. The tonal values scatter in fine contrasts and flowing gradations. The rhythmic grid structure with its folded edges,

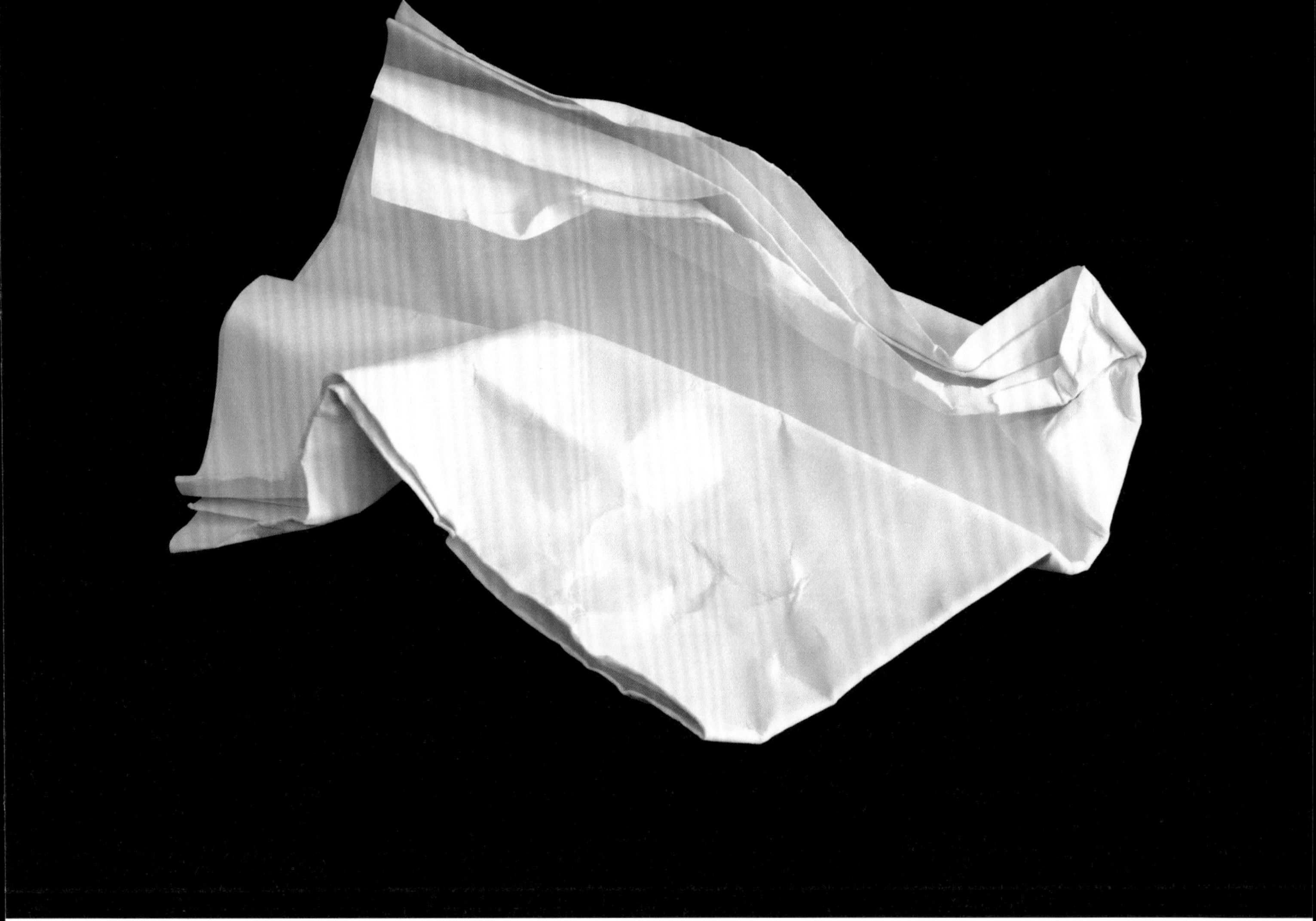

Auch die vorbereitenden Prozeduren des Faltens und Anfeuchtens schreiben dem Fotopapier direkte Spuren ein. In der Belichtung liegt der Bogen nicht plan auf, die Schärfen variieren, der Schatten fällt unterschiedlich. Das Blatt gewinnt plastische Präsenz. Die Tonwerte streuen in feinen Kontrasten und fließenden Abstufungen. Die rhythmisierte Rasterstruktur mit den Knickkanten im Wechselspiel von Wiederholung und Differenz erinnert an die malerischen Lichtbilder aus der Zero-Bewegung. In anderen Arbeiten erscheinen Papiere als skulpturale Objekte im Raum, wie beiläufig zerknüllt weggeworfen und doch mit einer spielerisch ästhetischen Oberflächenstruktur ausgestattet. Die Papierobjekte behaupten ihren Rang als Bildgegenstand, befreit aus ihrer dienenden Rolle wirken sie körperlich in den Raum hinein, bieten Erzählungen an, in denen sie mitspielen, Ereignisse illustrieren und Protagonisten beschreiben.

existing in the interplay of repetition and difference is reminiscent of the painterly light sculptors of the Zero movement. In other works, papers appear as sculptural objects in space, discarded as if casually crumpled, yet endowed with a playfully aesthetic surface structure. The paper objects assert their status as pictorial objects, freed from their servant role they have a physical effect in the space, offering narratives in which they play along, illustrating events and describing protagonists.

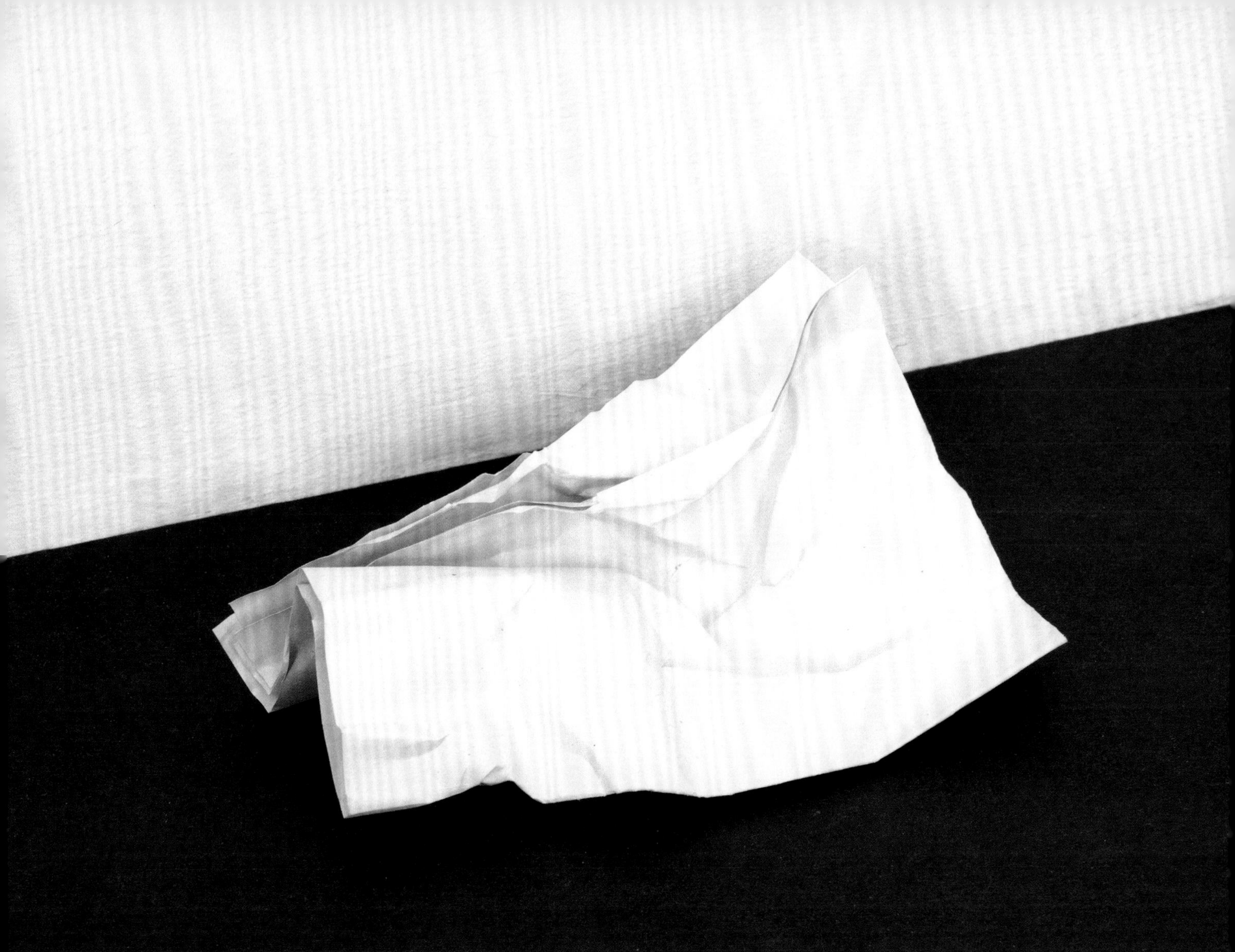

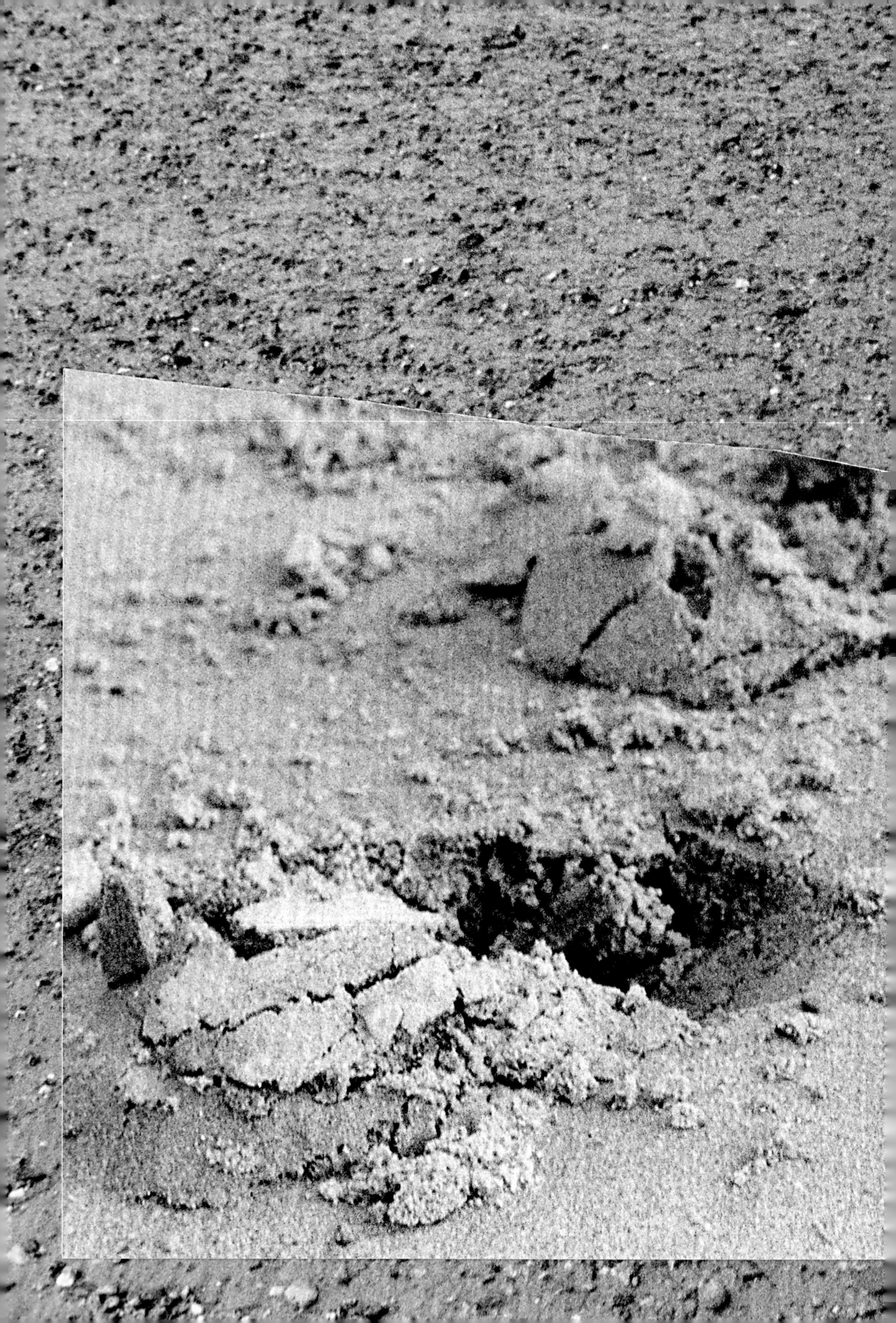

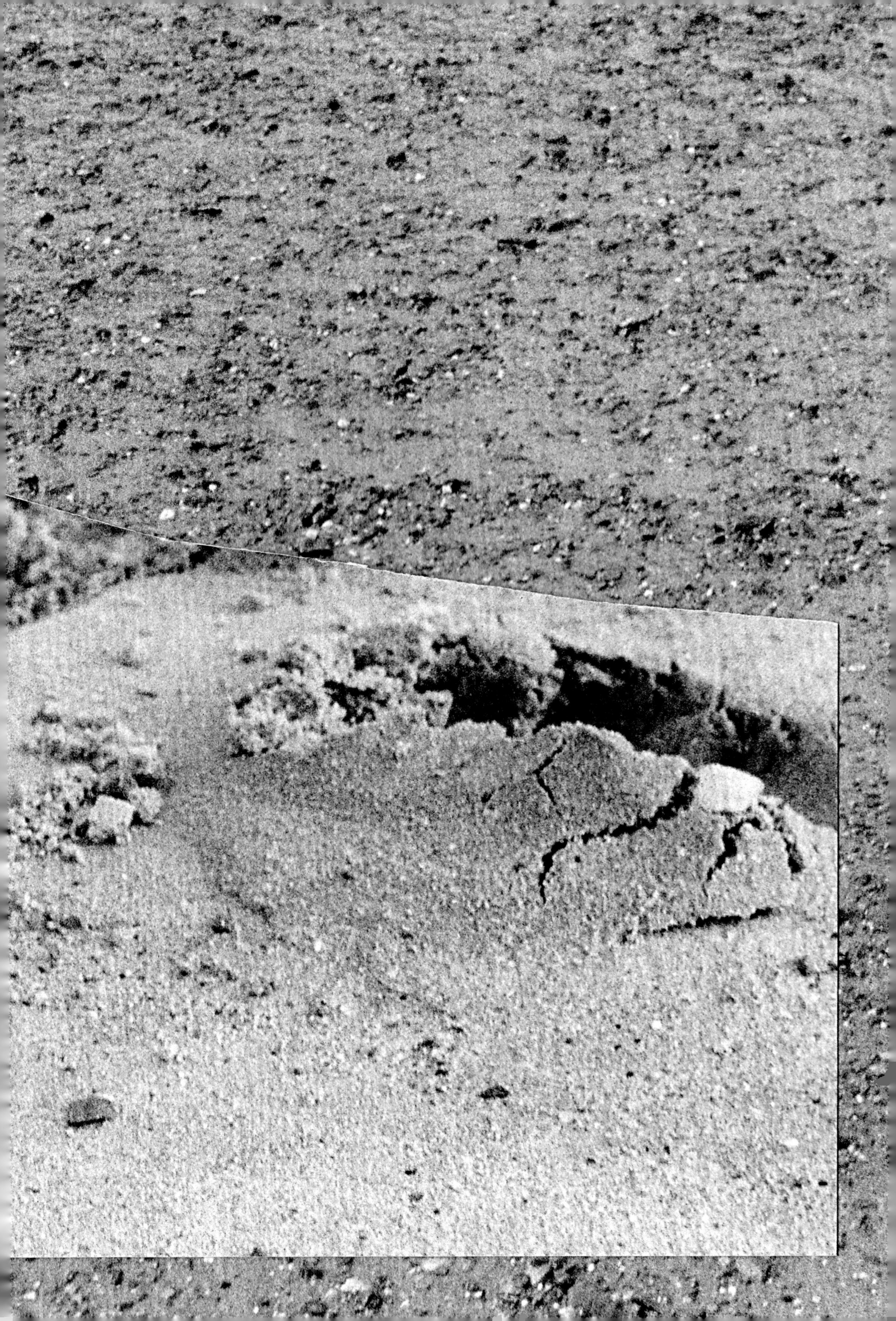

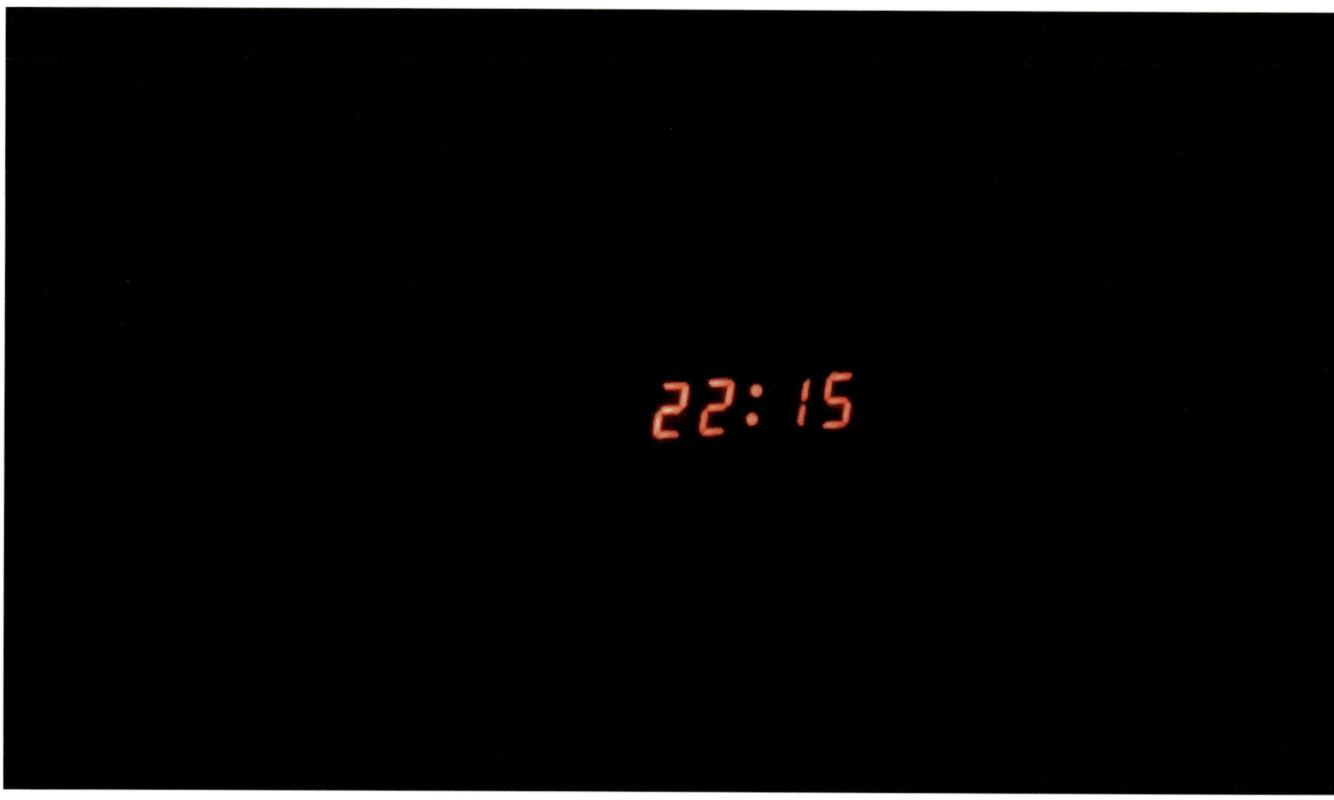
22:15

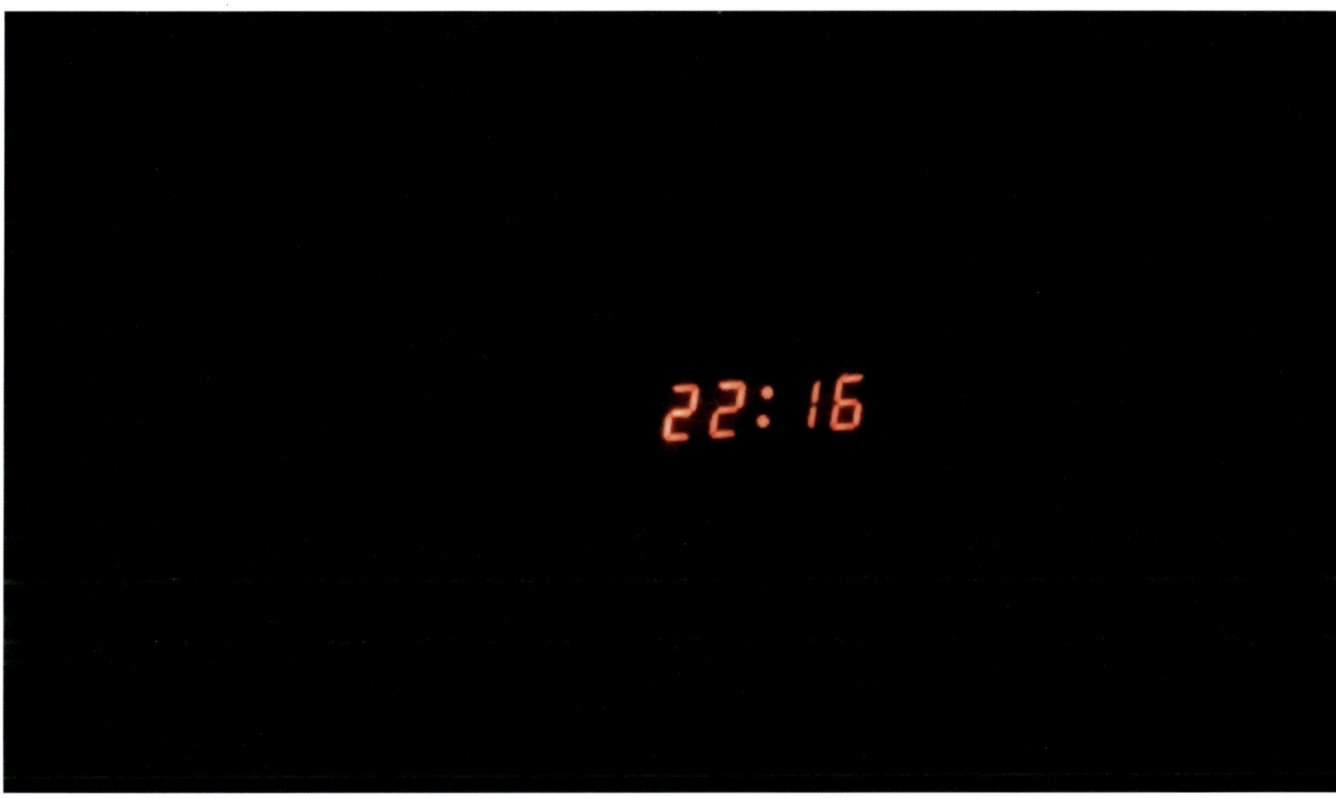
22:16

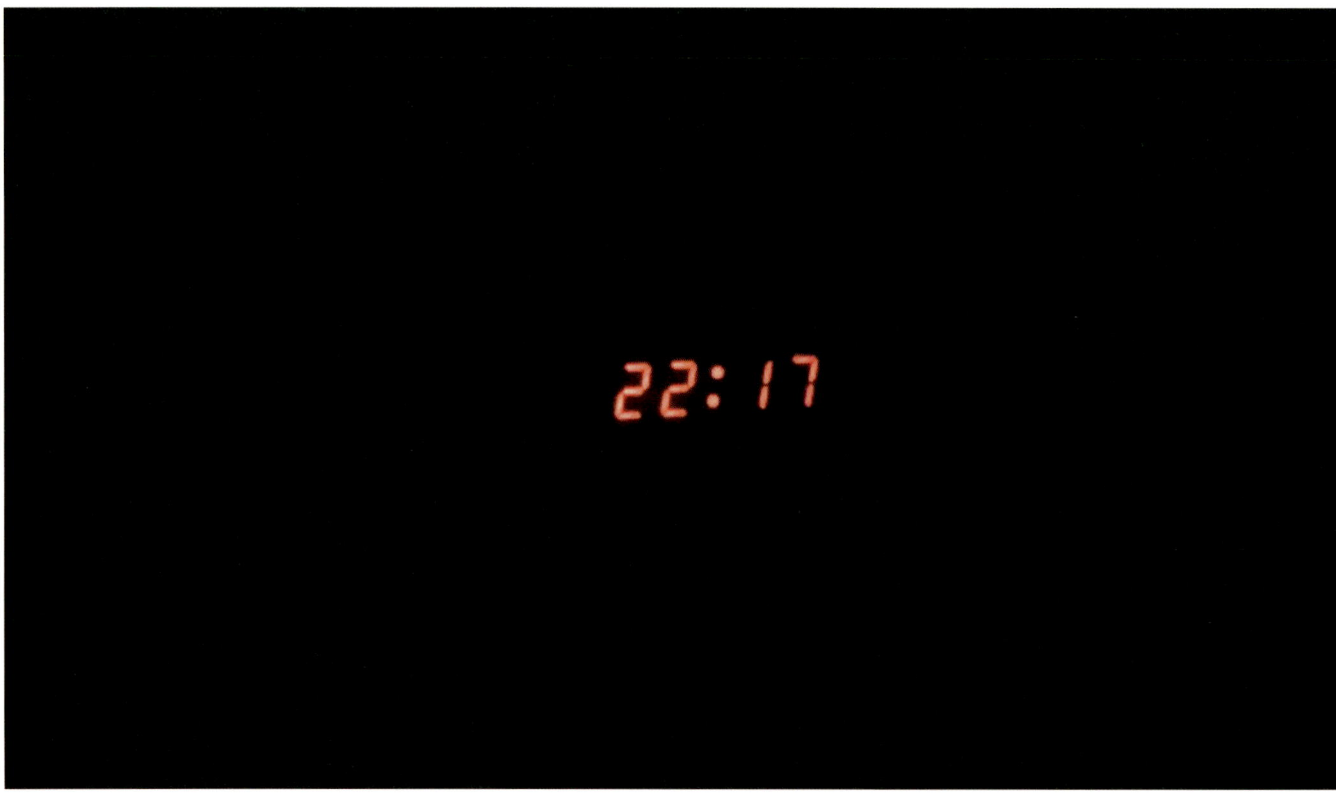
22:17

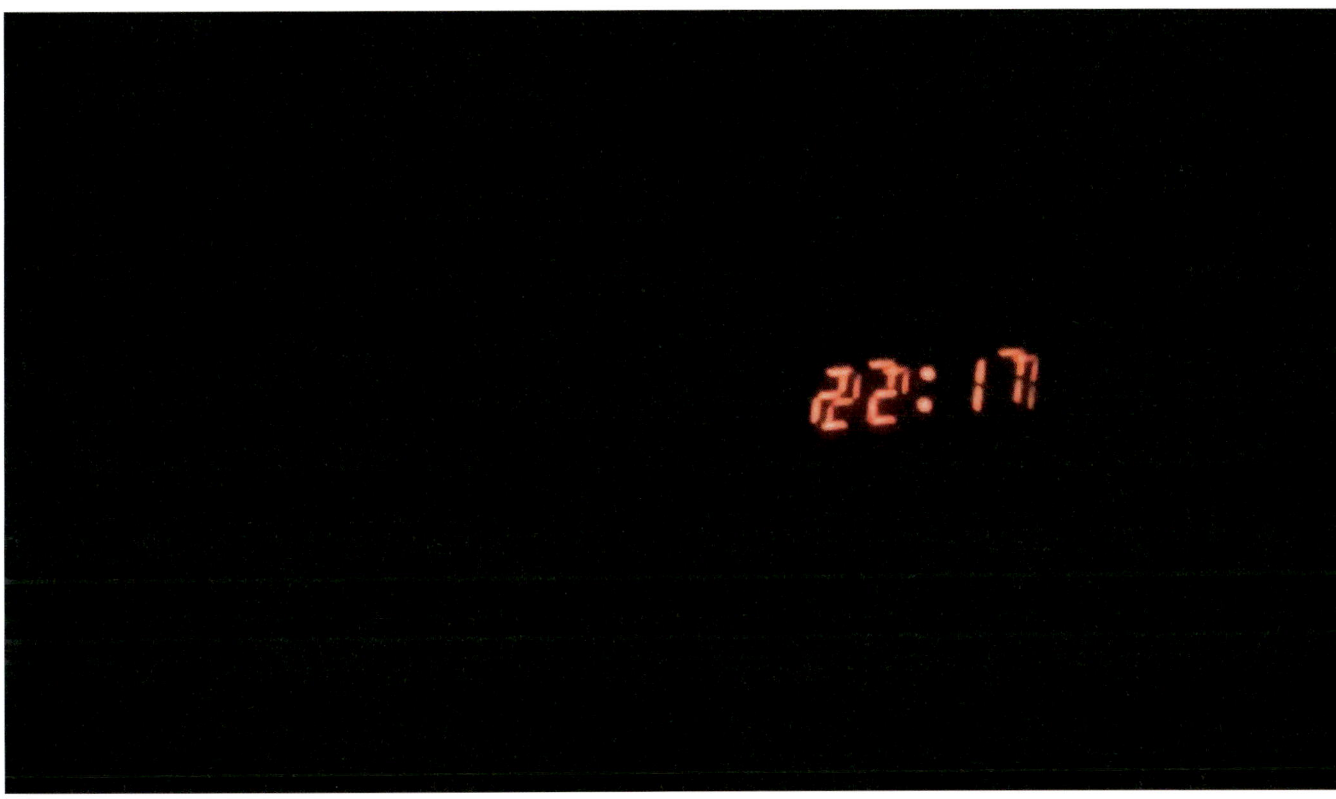

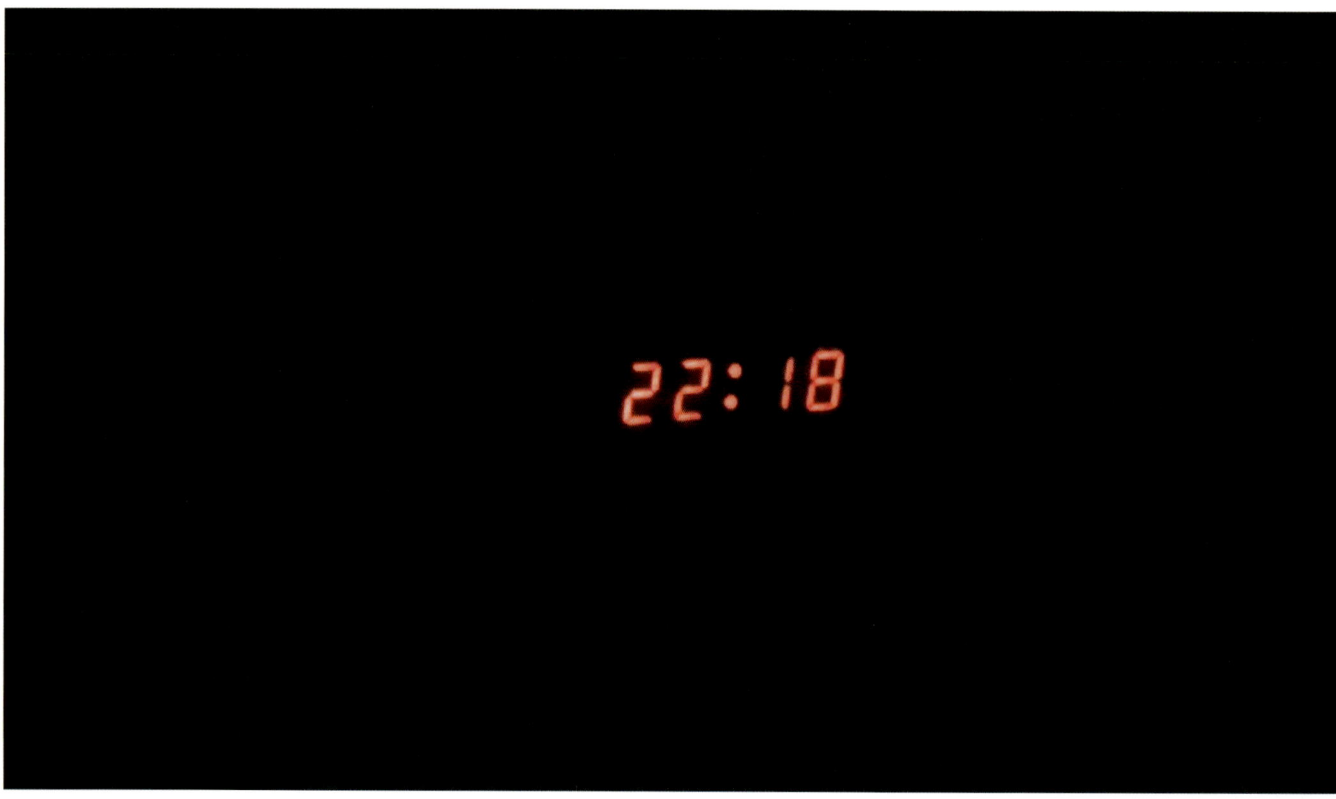
22:18

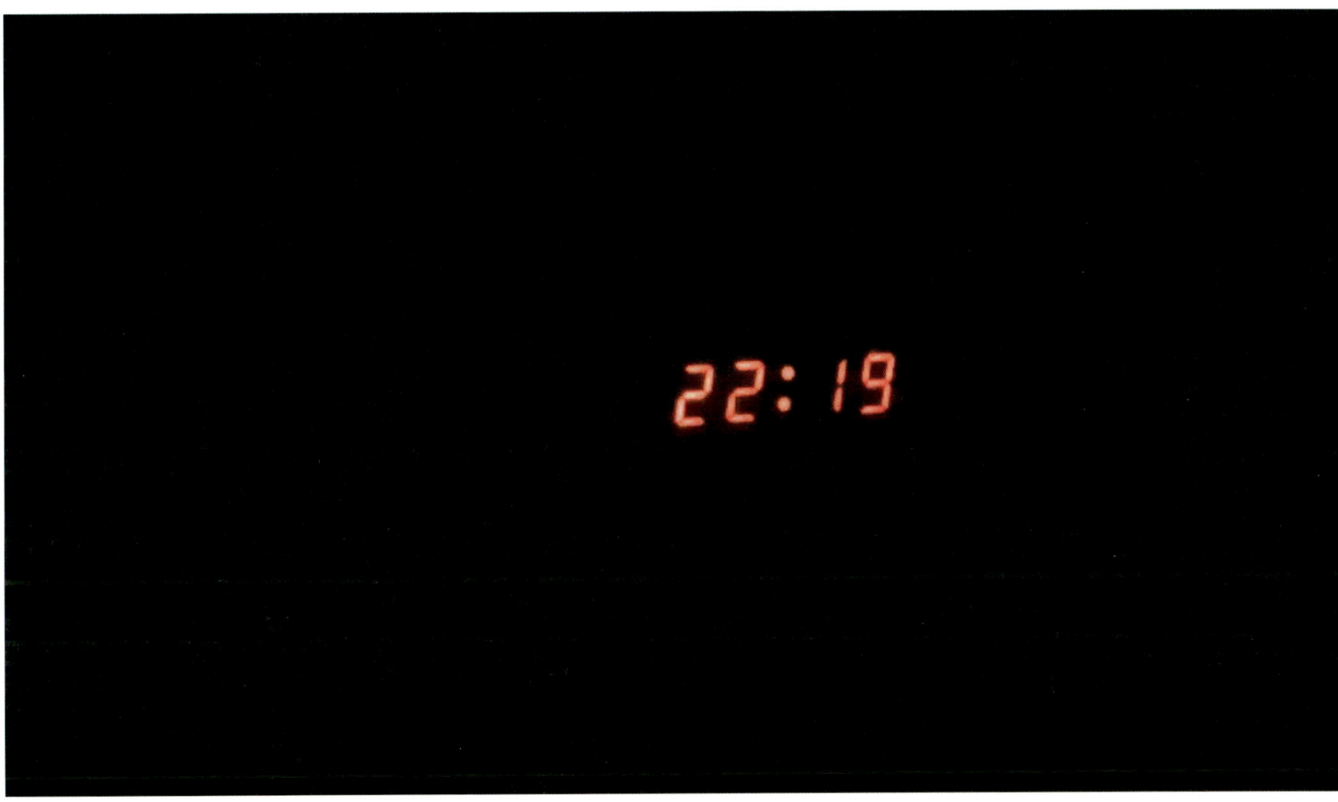
22:19

Raum am Rand: Auftritt der Ecke

Neben der Verwandlung rangiert die Verschiebung ganz oben auf der Liste der künstlerischen Strategien: Dinge von ihrem angestammten Ort zu entfernen, an einem neuen zu platzieren und ihnen in der veränderten Umgebung eine andere Erscheinungsform zu eröffnen. Tendenziell Übersehenes und Missachtetes erlangt somit Aufmerksamkeit. Marginales und Flüchtiges rückt ins Zentrum und wird auf Dauer gestellt. So werden konventionelle Wertmaßstäbe und ästhetische Rangordnungen problematisiert. Es ergibt sich ein unerwarteter Blick mit frischen Kriterien auf die Wirklichkeit.

Wer sich künstlerisch für das Randständige interessiert, dürfte an einem Raumphänomen kaum vorbeikommen: Gemeint ist die Ecke. Schon der sprachliche Horizont, den dieses profane Architekturstück eröffnet, ist groß. Vom „um die Ecke denken" über das „um die Ecke bringen" bis zum „in der Ecke stehen" und „aus der Ecke kommen" erstreckt sich das vieldeutige symbolische Spektrum. Während die Schmuddelecke die Schattenseite des Entlegenen markiert, gewinnt die Kuschelecke dem Unbeachteten Positives ab.

All das könnte bereits mitschwingen, wenn sich die Ecke unverstellt in einer fotografischen Abbildung zeigt. Wenn sich nicht der Staub, sondern der Blick in ihr verfängt. Wenn aus dem verwinkelten Off Assoziationen streuen und die Form unbesetzt von Funktionen spricht. Franziska von den Driesch hat eine Ecke ihres Ateliers fotografiert, an die sich ihr Auge immer wieder heftet, vorzugsweise wenn sie leergeräumt ist. Ein leerer Raum für einen Leere suchenden und genießenden Blick? Oder auch eine Projektionsfläche für kontemplatives Nachsinnen, in dem unbegrifflich und bildlos Empfundenes und Gesehenes nachklingt?

Das Bild der Fotokünstlerin repräsentiert die reale Raumecke, aber sie zeigt auch Flächen, Linien, Tonwerte und deren Differenzen als Resultat unterschiedlichen Lichteinfalls und seiner Reflexion. Die Grauvarianten markieren die Wände als eigenständige grafische Momente und in ihrer Korrespondenz. Die Betrachtung schwankt zwischen der architektonischen Situation, den bildnerischen Elementen und den fotografischen Mitteln. Der konkrete Raum ist in geometrische Grundformen übersetzt. Die Flächen wirken ausbalanciert, die Linien streben einem gemeinsamen Punkt entgegen. Mit der Reduktion und dem Wechselspiel der Wirklichkeitsebenen eröffnet sich ein Potenzial vielschichtiger Lektüren. Durch den Einzug der Abstraktionsebene gewinnt der Interieur-Ausschnitt erzählerische Anteile und metaphorischen Gehalt. Je freigeräumter die Ecke ist, desto mehr Platz bietet sie für die Bild- und Textzuschreibungen der Betrachtenden.

Space at the edge: appearance of the corner

Alongside transformation, displacement ranks high on the list of artistic strategies: Removing things from their original situation, placing them in a new one, and enabling for them a different form of appearance within their altered environment. Things that tend to be overlooked and disregarded are thus able to receive attention. Marginal and ephemeral things move into the center and are rendered permanent. In this way, conventional standards of value and ranking systems based on aesthetics are problematized. The result is an unexpected view of reality, observed using fresh criteria.

Anyone who is interested in the marginal in an artistic way can hardly overlook one certain spatial phenomenon: The corner is intentional. Even the linguistic horizon opened up by this profane piece of architecture is vast. The ambiguous symbolic spectrum extends from "thinking around the corner" to "bringing around the corner" to "standing in the corner" and "coming out of the corner". While the 'gloomy corner' marks the shadowy side of the remote, the 'cuddle corner' gains positivity from the unnoticed.

All this could already resonate when the corner shows itself undisguised in a photographic image. When not the dust, but rather the gaze gets caught in it. When associations disperse from the angled space and the form communicates, uninhabited by all functions. Franziska von den Driesch has photographed a corner of her studio to which her eye repeatedly wanders, preferably when it has been emptied. An empty space for a gaze that seeks and takes pleasure in emptiness? Or also a projection surface for contemplative pondering, in which what has been felt and seen resonates in a way which is neither conceptual, nor pictorial?

The photo artist's image represents the physical corner of the room, but it also shows surfaces, lines, tonal values and their differences as a result of different incidence of light and its reflection. The variations of grey mark the walls as independent graphic moments and in their correspondence to one another. The observation oscillates between the architectural situation, the pictorial elements and the photographic means. The concrete space is translated into basic geometric forms. The surfaces appear balanced, the lines converge at a common point. Through reduction and the interplay of various levels of reality, a potential for multilayered interpretations is presented. By moving into a level of abstraction, the interior detail acquires narrative aspects and metaphorical content. The emptier the corner is, the more space it offers the viewer to attribute visual and textual qualities to it.

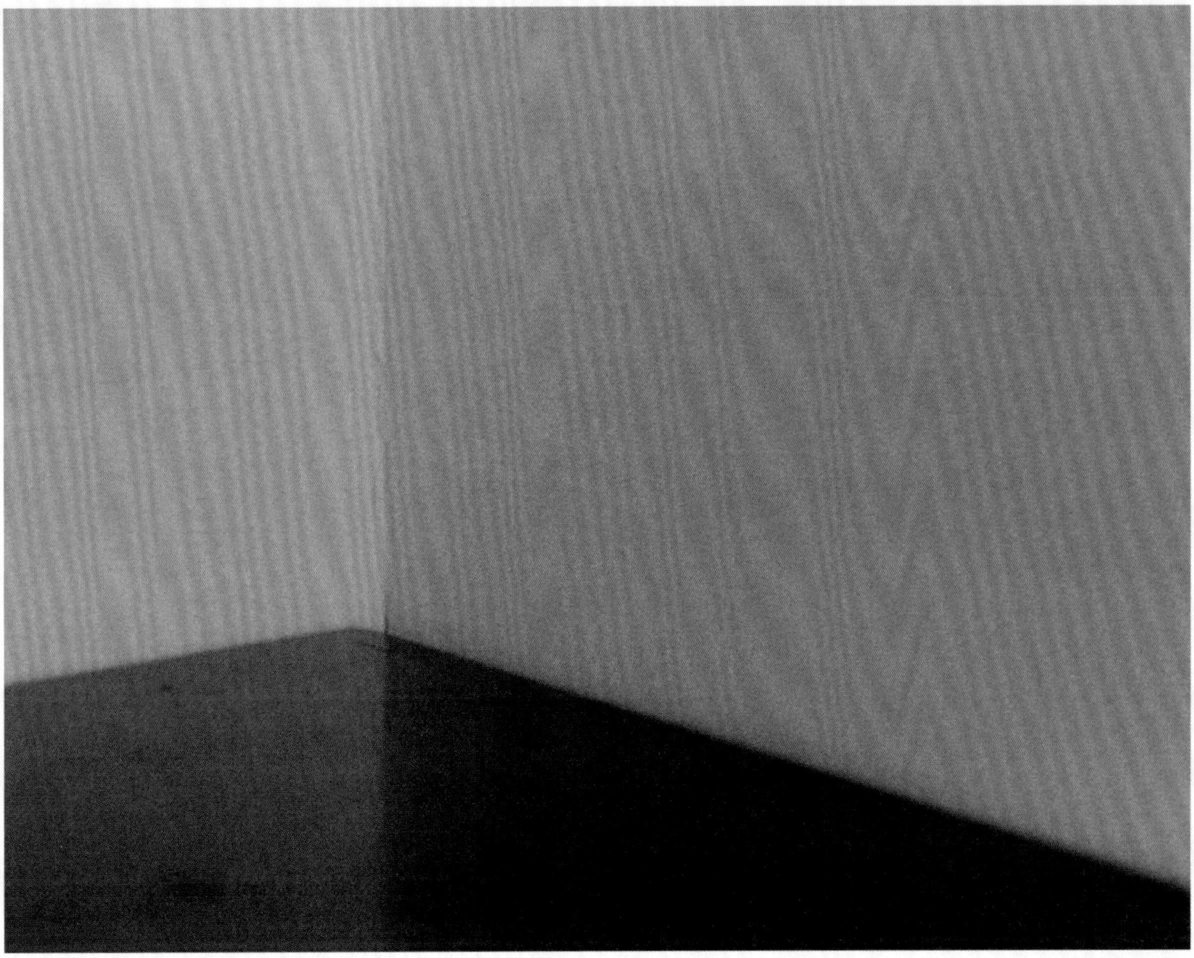

Korn und Sand: Elementarteilchen von Bild und Materie

Die Adressierung des Materials und des Materiellen im Werk der Fotografin lässt sich schon an der Benennung der Fotografien ablesen. So ist in der Werkreihe „Korn#x" die Angabe der Filmempfindlichkeit und der Name des Entwicklers Bestandteil des Titels. Damit wird ablesbar, dass die stofflichen Elemente des Mediums nicht Instrumente sind, sondern Inhalt. So wie das Papier in „Blanko" vom Bildträger in die Rolle des Bildgegenstandes wechselt, mutiert das Korn samt seiner Eigenschaften unter wechselnden äußeren Bedingungen in klassischen Silbergelatineabzügen zum Motiv.

In dem Bildpaar „Korn#x (APX400, Rodinal)" steht eine vollflächige Kornstruktur neben der Aufnahme eines Blatts an einer Wand. Das körnige All-over der erstgenannten Arbeit erweckt den Eindruck eines visuellen Rauschens. Die Fotografie lässt sich wie eine Störung lesen, wie ein Zwischenzustand, in dem Vergangenes aufgehoben ist und Künftiges sich zugleich ankündigt. Angesichts dieser unbestimmten formlosen Stofflichkeit erscheint die Gegenwart buchstäblich wie ein Warten im Gegenüber des Unbestimmten. In diesem kontingenten Feld streut das Korn wie ein Feld von Elementarteilchen ohne ordnende Impulse. Ähnlich wie in „Blanko" scheinen sich Ende und Anfang zu verwirbeln. Alles mutet machbar an im Rahmen des materiell Möglichen. Aus dem Korn können Konturen entstehen, aus dem Rauschen kann eine Gestalt erwachsen.

Im rahmenlosen Bildgeschehen wird das filmische Korn zum Gegenstand. Das herkömmliche Verhältnis von Dargestelltem und Darstellung hat sich umgekehrt. Die Fotografie öffnet nicht in transparenter Dienstbarkeit ein Fenster, sondern zieht einen opaken Vorhang ein und macht sich selbst sichtbar. Im zweiten „Korn#x"-Bild sind Gegenstand und Hintergrund noch weitgehend getrennt. Ein Schattenwurf belegt den Objektcharakter des Bildgegenstands, der wie in einer Ausstellungssituation auftritt. Das exponierte Blatt ist schwarz, eine extreme Verdichtung im Überfluss des potenziell Bild-gebenden und Blick-ermöglichenden Lichts. Das Erhellen kippt ins Verdunkeln. Eine Geste der Verneinung, des Ausblendens und Aufnehmens, des Zeigens und Verweisens auf pure Präsenz, des Hindeutens ohne Bedeuten und Deuten. Am unteren Rand fließt das dargestellte Viereck in Korn und Schatten mit dem Hintergrund zusammen. Ein Wink, dass der Kontext beim Bildstatus mitspricht, dass die Identität des Körpers fluide ist, dass die Grenzen zwischen Gegenstand und Grund verschwimmen.

Zum gleichen Werkblock gehört das Bildpaar „Korn#x (Sand)". In den Collagen ist eine am oberen

Grain and sand: elementary particles of image and matter

The addressing of the material and the materiality in the photographer's work can already be observed in the naming of the photographs. Thus, in the series of works "Korn#x", the indication of the film speed and the name of the developer are themselves components of the title. This indicates that the material elements of the medium are not instruments, but content. Just as the paper in "Blanko" is transformed from image carrier and takes on the role of the depicted subject, the film grain, along with all of its properties, transforms into a motif itself under alternating external conditions in a series of classic silver gelatin prints.

In the image pair "Korn#x (APX400, Rodinal)," a surface-encompassing grain structure exists next to a photographed sheet of paper hanging on a wall. The grainy stratum of the former work imparts the impression of visual noise. The photograph can be read as a disturbance, as an intermediate state in which the past is suspended and the future is simultaneously announced. In light of this undefined formless materiality, the present literally seems to be waiting in the face of the indeterminate. In this contingent field, the grain scatters like a field of elementary particles void of governing impulses. Similar to "Blanko", end and beginning seem to merge. Everything seems feasible within the framework of what is materially possible. Outlines can emerge from the grain, a configuration can grow out of the noise.

In the happening of the frameless image, the film grain becomes the object. The conventional relationship between what is depicted and constitutes depiction itself has been reversed. Photography does not open a window in transparent servitude, but draws a curtain of opacity and renders itself visible. In the second "Korn#x" picture, object and background are still largely separated. A shadow cast proves the material character of the image's subject, which appears as if in an exhibition situation. The exposed sheet is black, an extreme condensation within the abundance of light potentially formulating the image and allowing for its viewing. The illumination tips into darkening. A gesture of negation, of fading out and taking in, of showing and referring to pure presence, of displaying without meaning and interpretation.
At the bottom edge, the depicted square merges with the background in grain and shadow. A hint that context has a say in the character of the image, that the identity of the figure is fluid, that the boundaries between object and ground are blurred.

To the same block of works belongs the pair of images "Grain#x (Sand)" In the collages, a surface cut obliquely at the upper edge is placed in front of- or within- a surrounding or background layer. Both layers correspond with each other in terms of content and form while simultaneously differentiating themselves from one another. If the background or surrounding space is to represent a subtle structure resembling film

Rand schräg angeschnittene Fläche vor beziehungsweise in eine hintergründige oder umschließende Ebene gesetzt. Beide Schichten korrespondieren inhaltlich und formal miteinander und grenzen sich zugleich voneinander ab. Repräsentiert der Rück- oder Umraum eine feinstoffliche Struktur, die dem Filmkorn nahekommt, sind in den Ausschnitten jeweils gröbere Sandformationen erkennbar, die mit Erhebungen, Kuhlen, Rundungen und Linienverläufen eine landschaftsähnliche Topografie ausbilden und Spuren äußerer Einflüsse zeigen.

Auch wenn es sich bei den beiden Darstellungsebenen um Abbildungen handelt: Die innerfotografische Materialität des Korns und die außer- oder vor-bildliche Wirklichkeit des Sands sind collagiert in ein Verhältnis gesetzt. Die eine Wirklichkeitsebene geht nicht in der anderen auf. Strukturähnlichkeiten, aber auch semantische Analogien lassen beide miteinander korrespondieren. Korn wie Sand repräsentieren das Wesen der Gestaltbildung aus kleinsten materiellen Bausteinen. In die Form ist der Prozess mit den der Materie eigenen Stationen und Modi des Aufbaus und Zerfalls eingeschrieben. In der elementaren und kleinstteiligen Stofflichkeit nimmt die Schwelle zwischen Materiellem und Ideellem sichtbare Gestalt an.

grain, coarser sand formations are recognizable in the cutouts, which form a landscape-like topography with elevations, hollows, curves, and linear progressions, here showing traces of external influences.

Even though the two levels of representation are illustrative: The inner-photographic materiality of the grain and the extra- or pre-image character of the sand are collaged and brought into a relationship with each other. The one level of reality does not merge into the other. Structural similarities and semantic analogies allow both to correspond with each other. Grain as well as sand represent the essence of development using the very smallest material building blocks. The process, with its components and modes of construction and decay particular to the material, is inscribed in the form. In the elementary and most fragmentary materiality, the threshold between the material and the conceptual takes visible form.

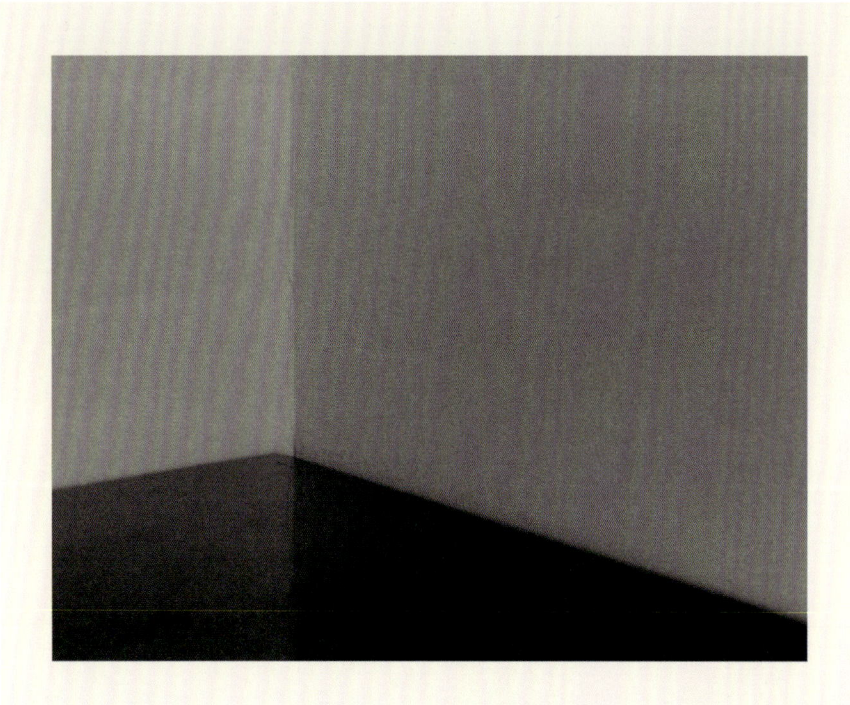

Ecce S. 49
2021
Silbergelatineabzug / gelatin silver print
24 × 30 cm

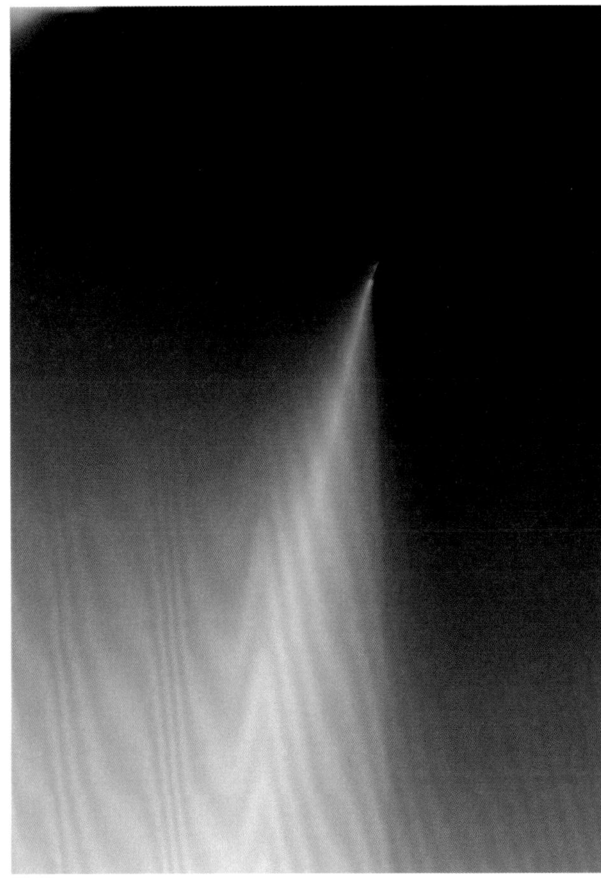

Licht#x S. 23, 46
2021
Luminogramme / luminograms
24 × 30 cm

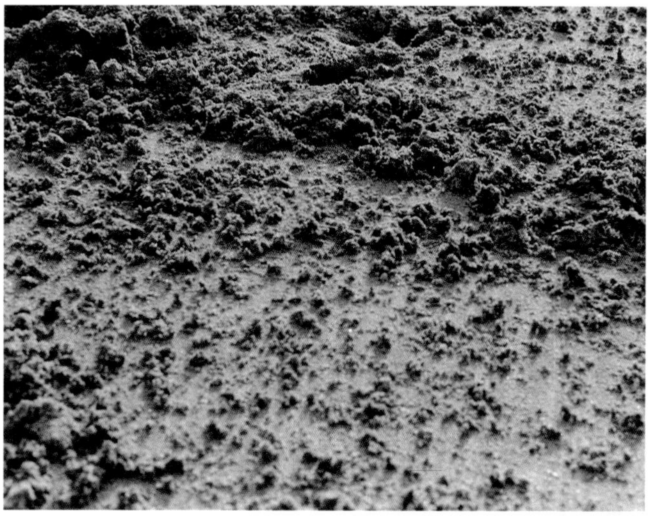
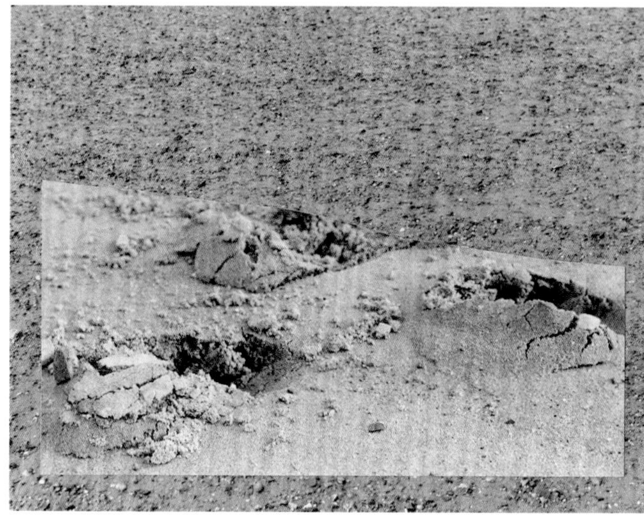
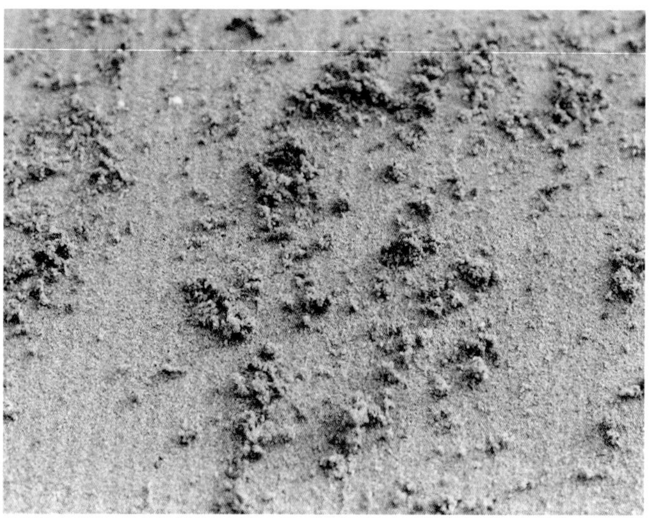

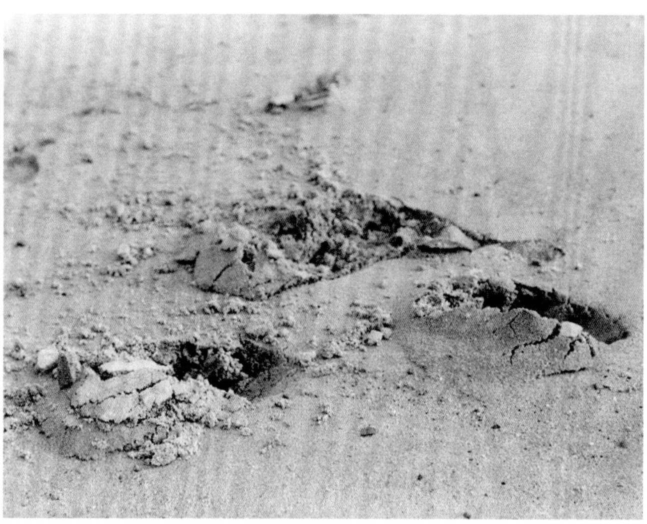
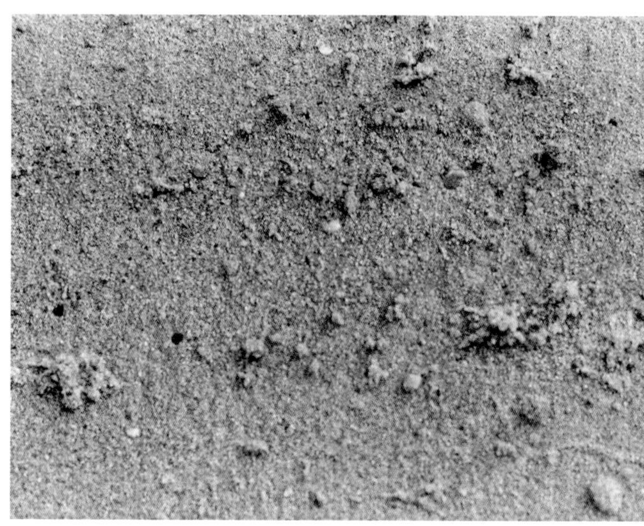

Korn#x (Sand) S. 28, 38
2020
Silbergelatineabzüge / gelatin silver prints
Collagen aus Silbergelatineabzügen / collages of gelatin silver prints
24 × 30 cm

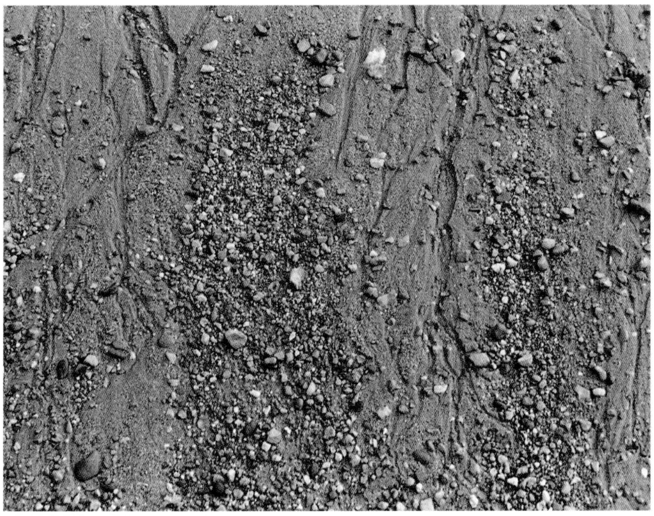

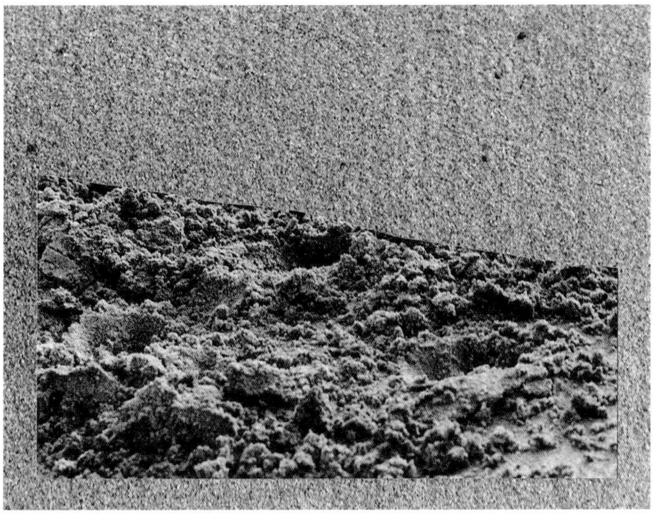

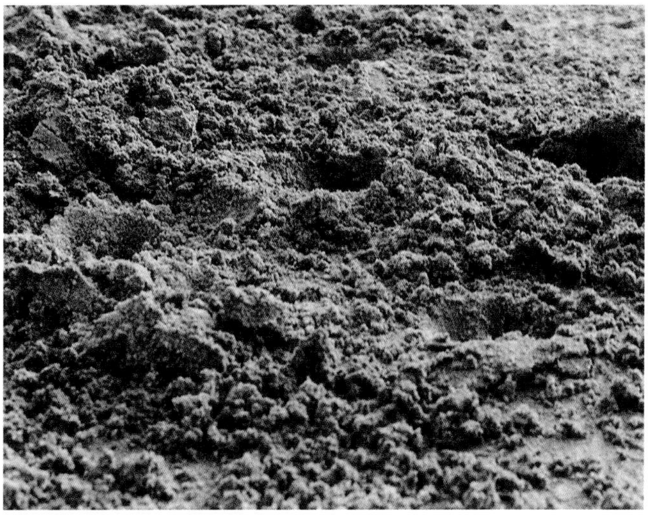

Grau#x (t25s fließend, vorbelichtet) S. 52–55
2021
Lichtgrafiken auf Silbergelatinepapier / light graphics on gelatin silver paper
30 × 40 cm

Grau#x (t2-35s, linear) S. 111–117
2021
Lichtgrafiken auf Silbergelatinepapier / light graphics on gelatin silver paper
10 × 15 cm

Episode I bis V S. 99–107
2018
Bromsilberfotogramme / silver bromide photograms
24 × 30 cm

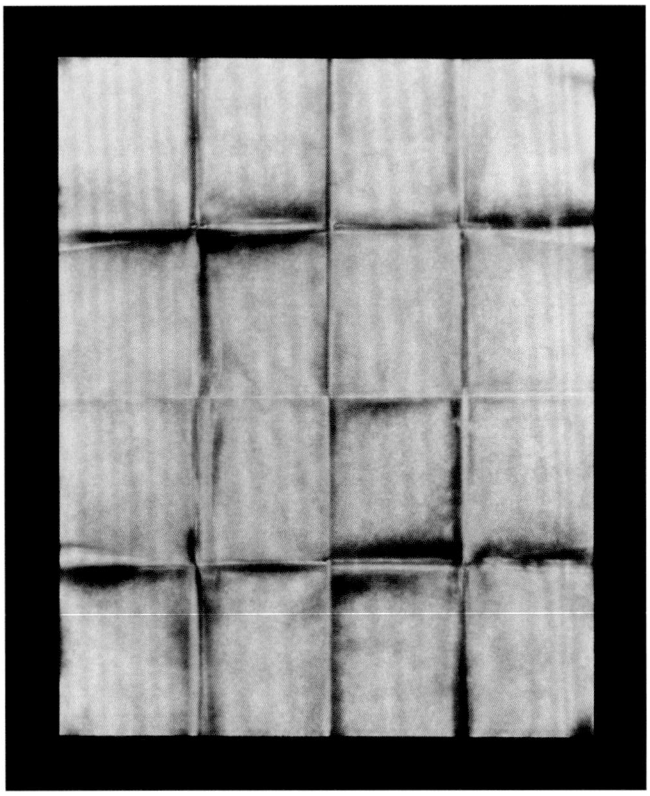

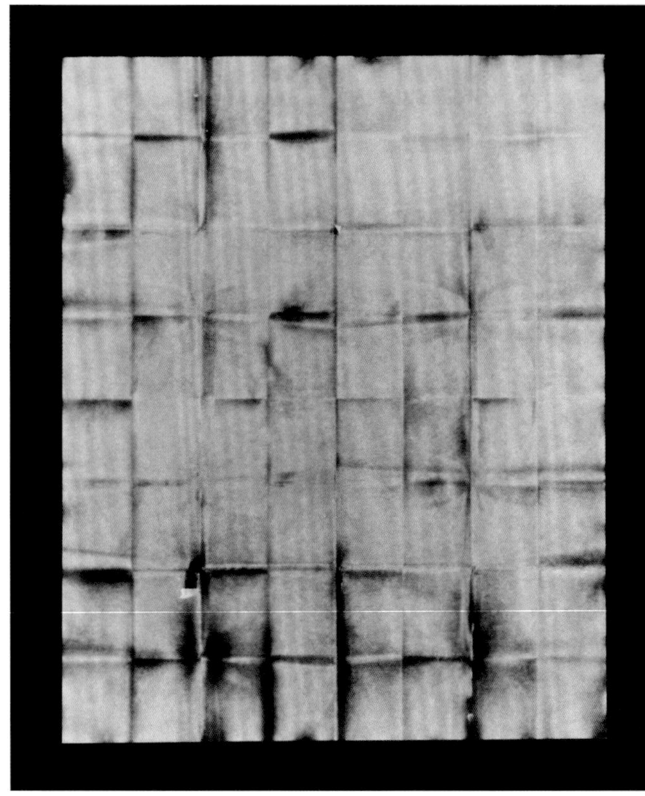

Blanko (Teil eins) S. 8, 10
2019
Silbergelatinefotogramme / gelatin silver photograms
50 × 60 cm

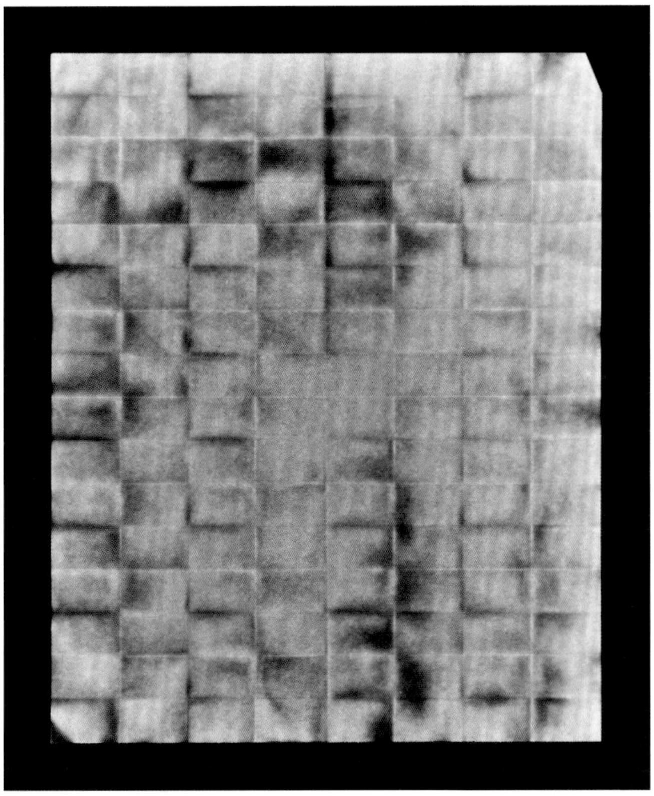
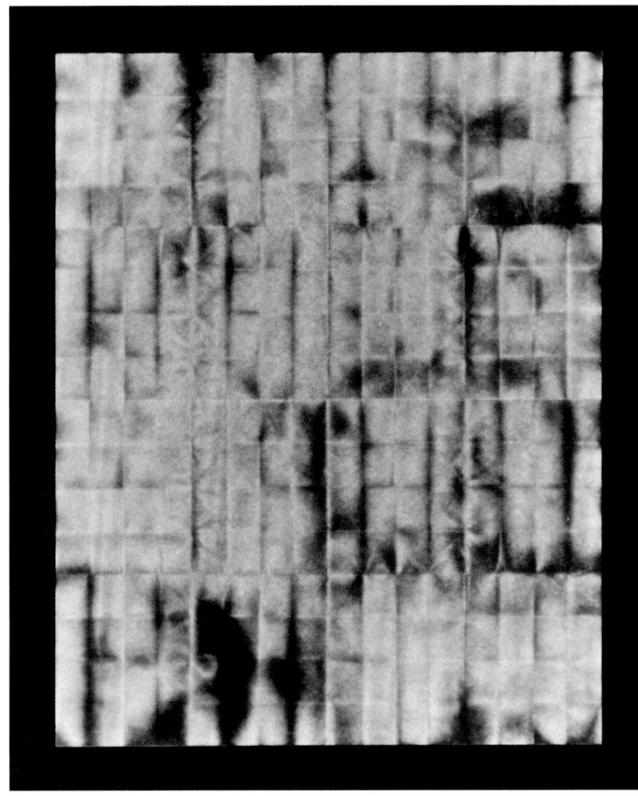

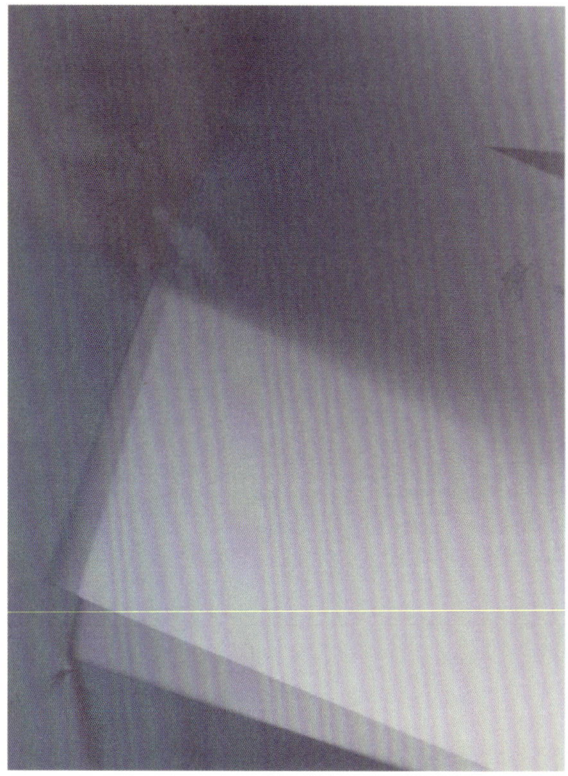

Licht#x (last season)
2020
Autoluminogramme / auto-luminigrams
10 × 15 cm bis 30 × 40 cm

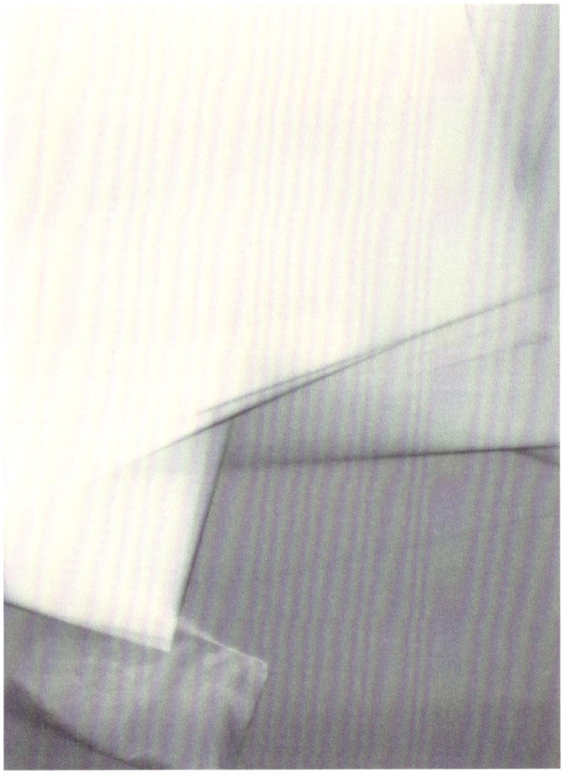

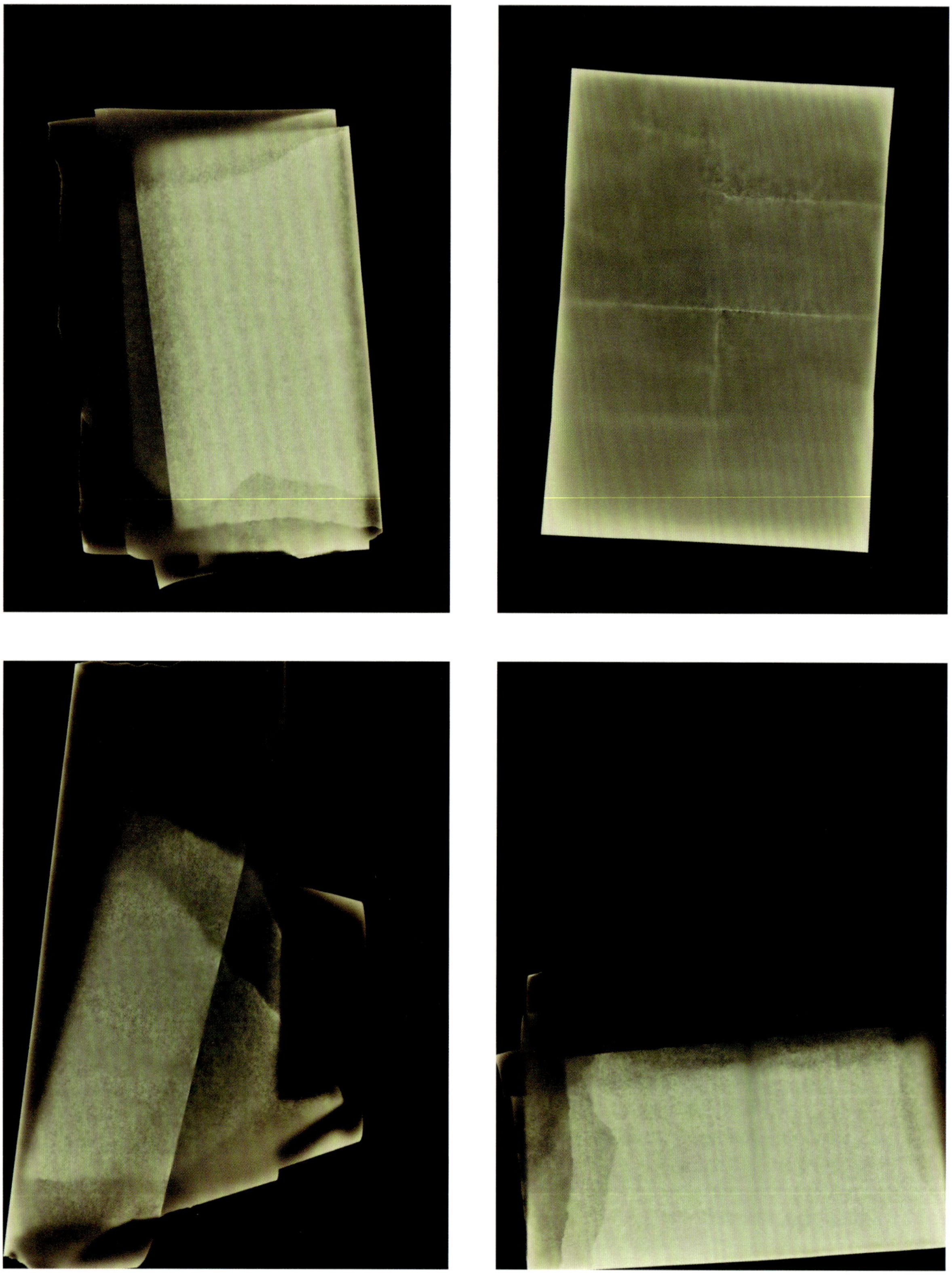

Ungesehene Folgen
2017
Farbfotogramme / chromogenic photograms
30 × 40 cm

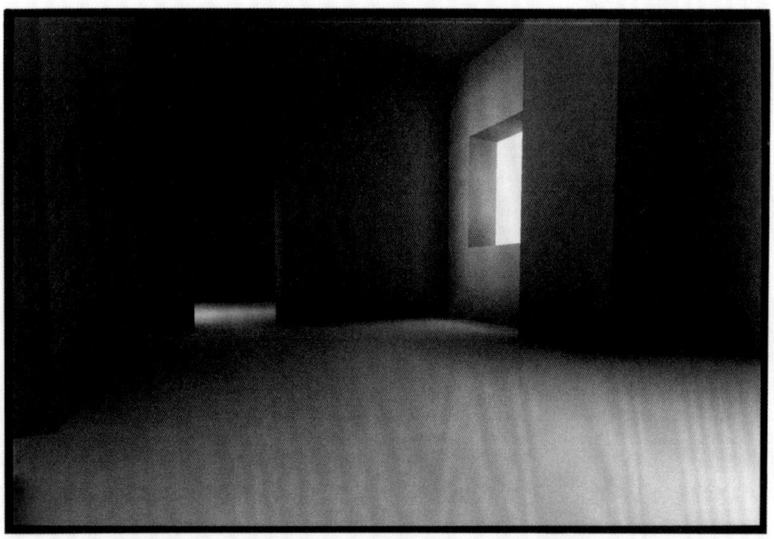

New world gallery (white concrete) S. 88–95
2021
Bromsilberabzüge / silver bromide prints
60 × 80 cm

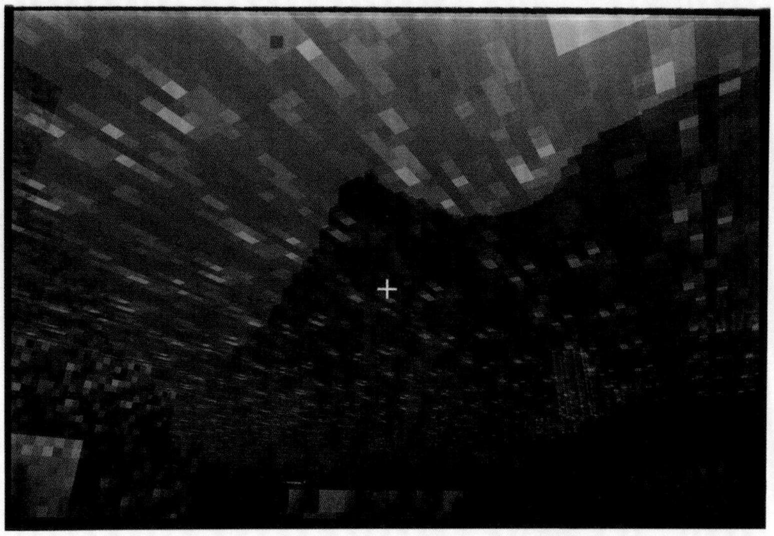

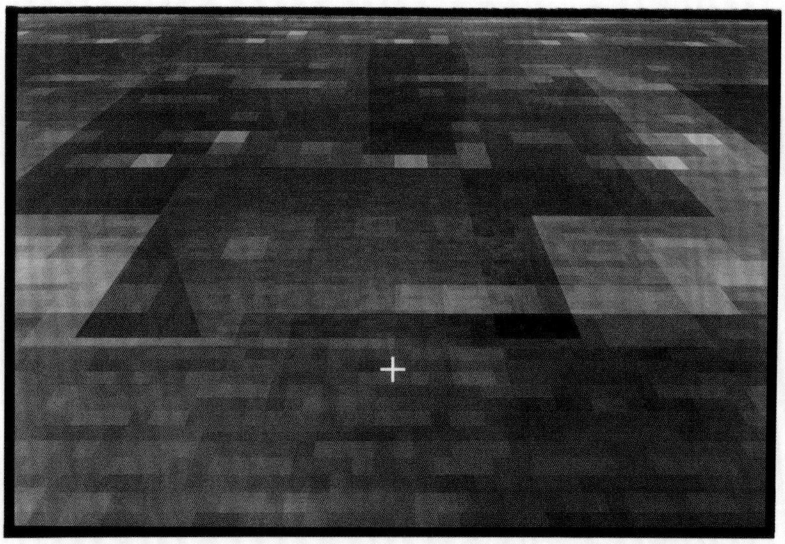

You fell out of the world S. 6, 30
2021
Bromsilberabzüge / silver bromide prints
60 × 80 cm

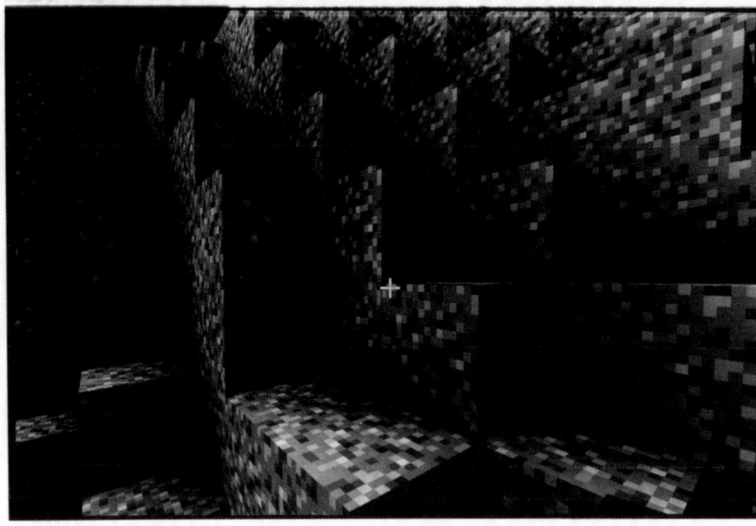

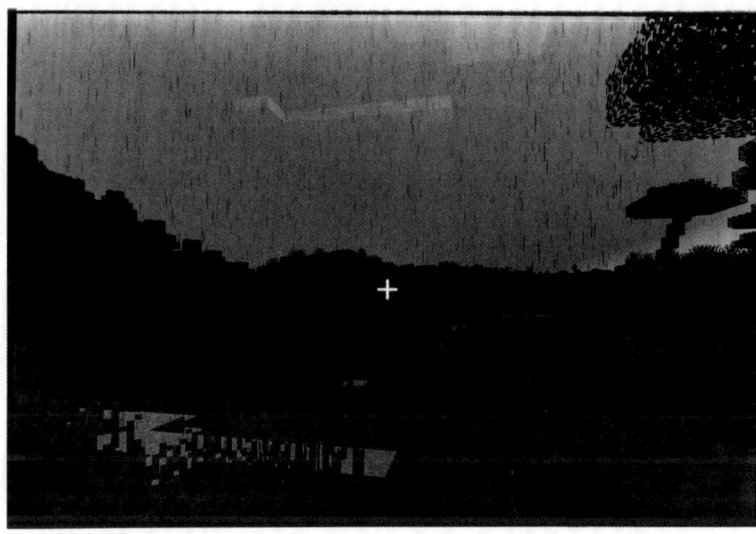

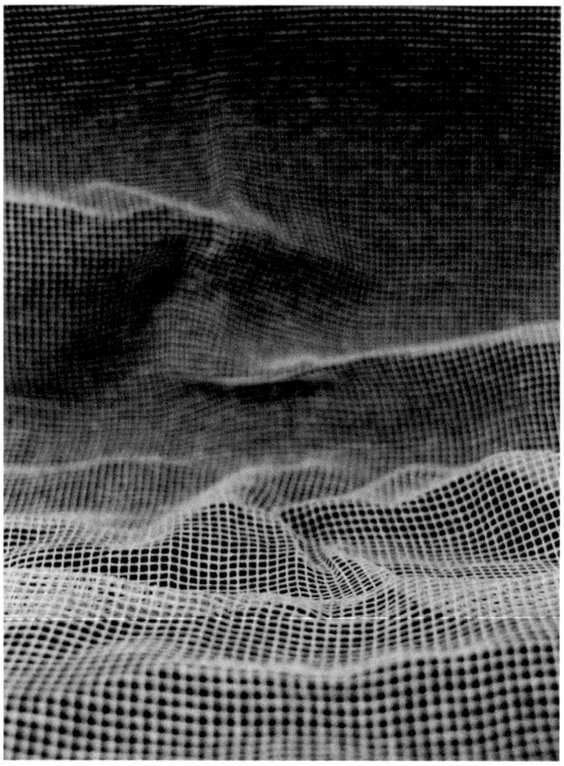 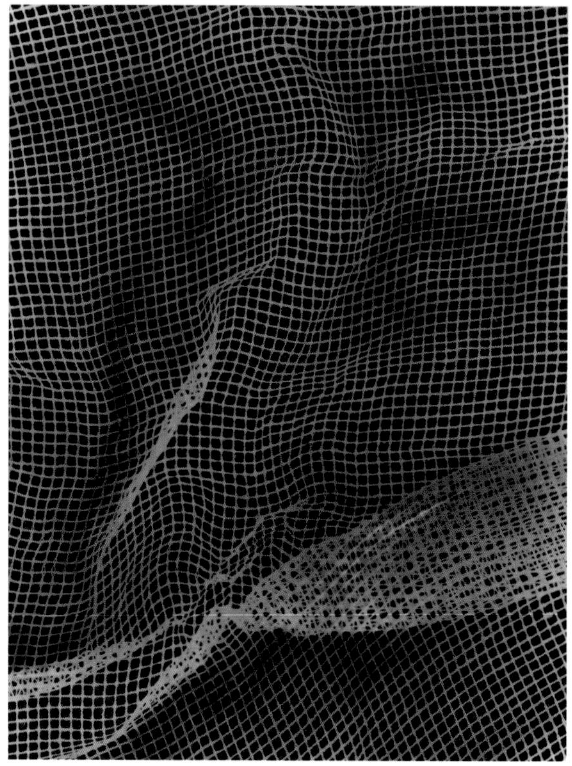

Raster#x (Halbschattennetz B1) S. 19
2021
Silbergelatineabzug / gelatin silver print
24 × 30 cm

Raster#x (Halbschattennetz B1) S. 20
2021
Silbergelatinefotogramm / gelatin silver photogram
24 × 30 cm

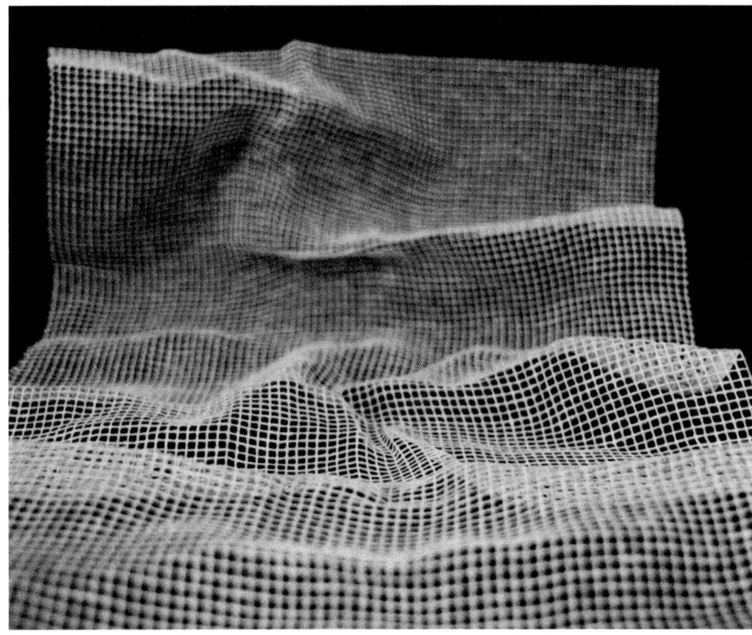

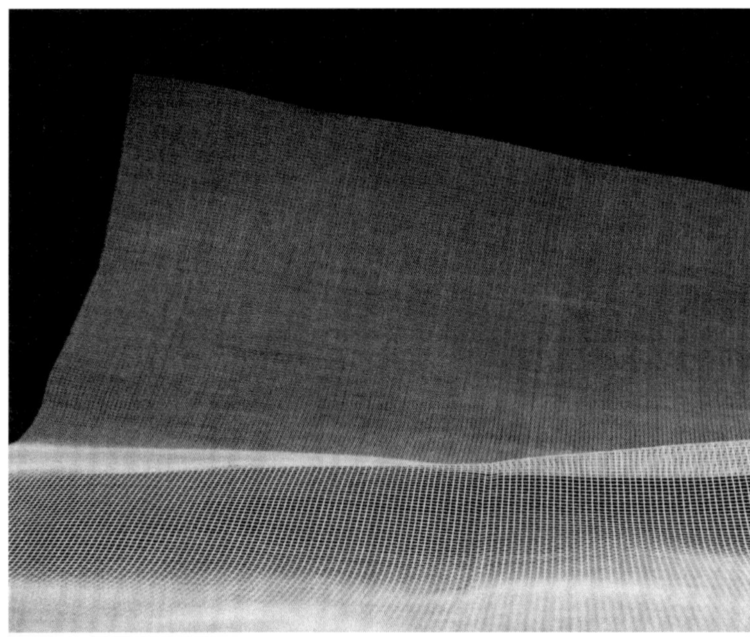

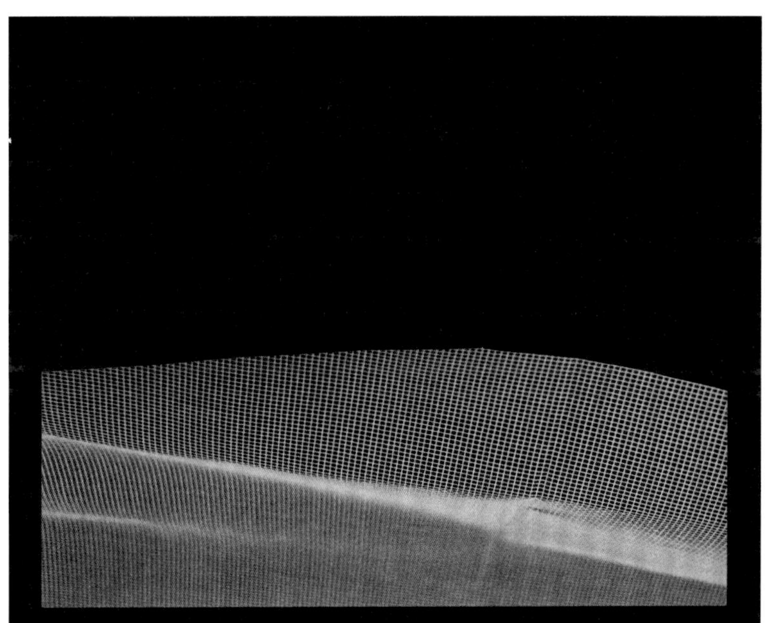

Raster#x (Halbschattennetz B1) S. 14
2021
Silbergelatineabzug / gelatin silver print
24 × 30 cm

Raster#x (Baugaze MW2) S. 32
2021
Silbergelatineabzug / gelatin silver print
24 × 30 cm

Raster#x (Baugaze MW2)
2021
Collage aus Silbergelatineabzügen /
collage of gelatin silver prints
24 × 30 cm

Korn#x (APX400, Rodinal) S. 17, 25
2020
Silbergelatineabzüge / gelatin silver prints
24 × 30 cm

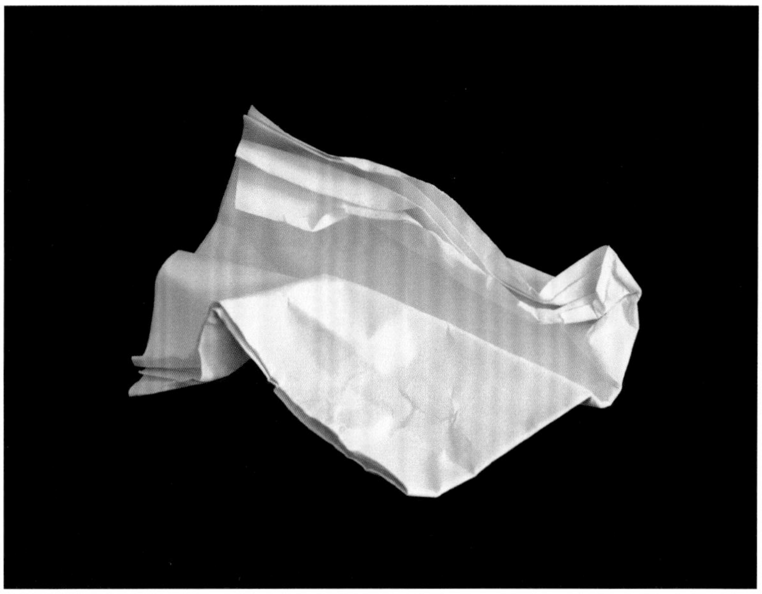

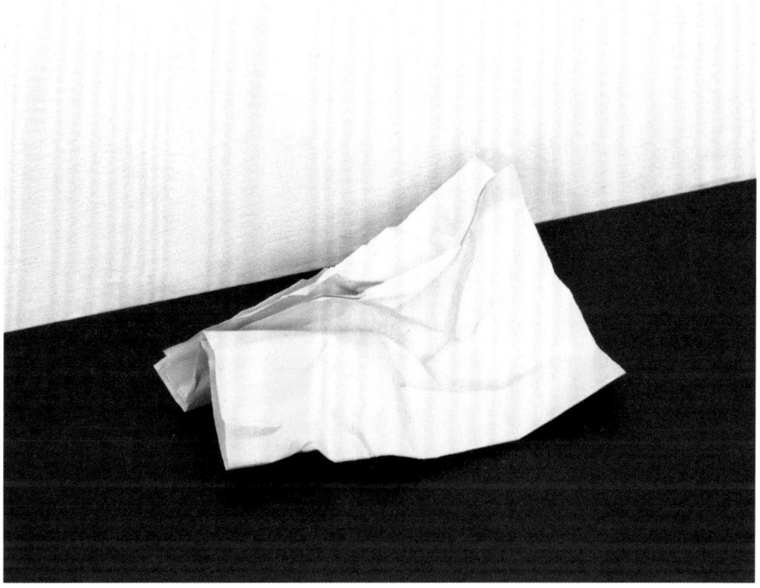

Blanko (Teil zwei) S. 35, 37
2020
Inkjetprints / inkjet prints
70 × 90 cm

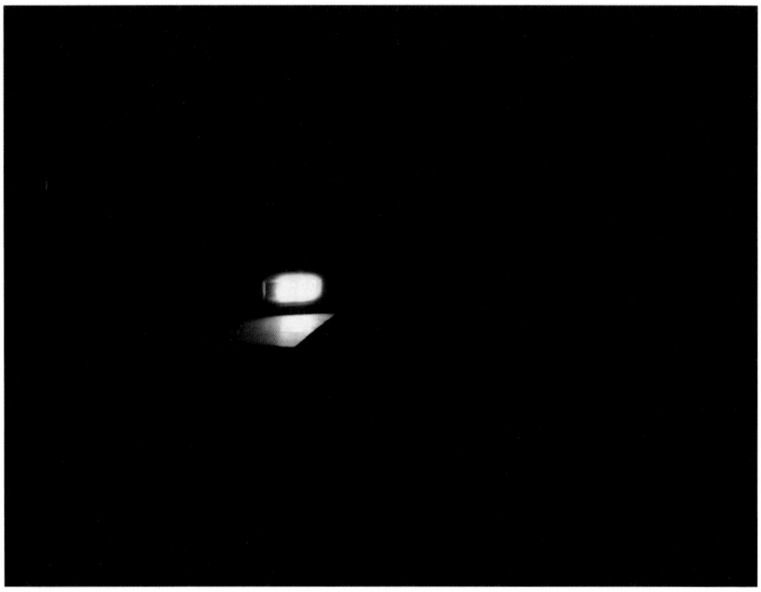

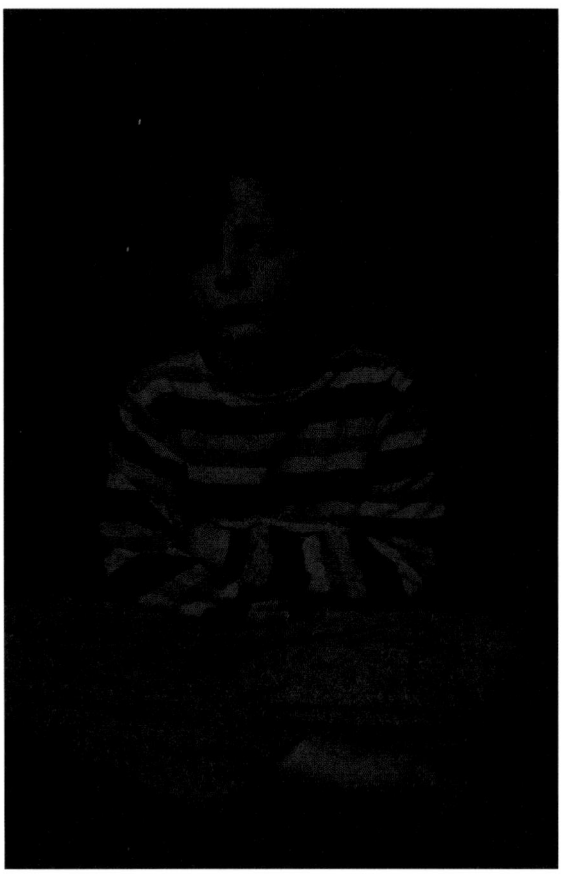

o.T. (Zeit) S. 12
2016
Inkjetprint / inkjet print
70 × 90 cm

o.T. (Zeit)
2016
Videostill / video still

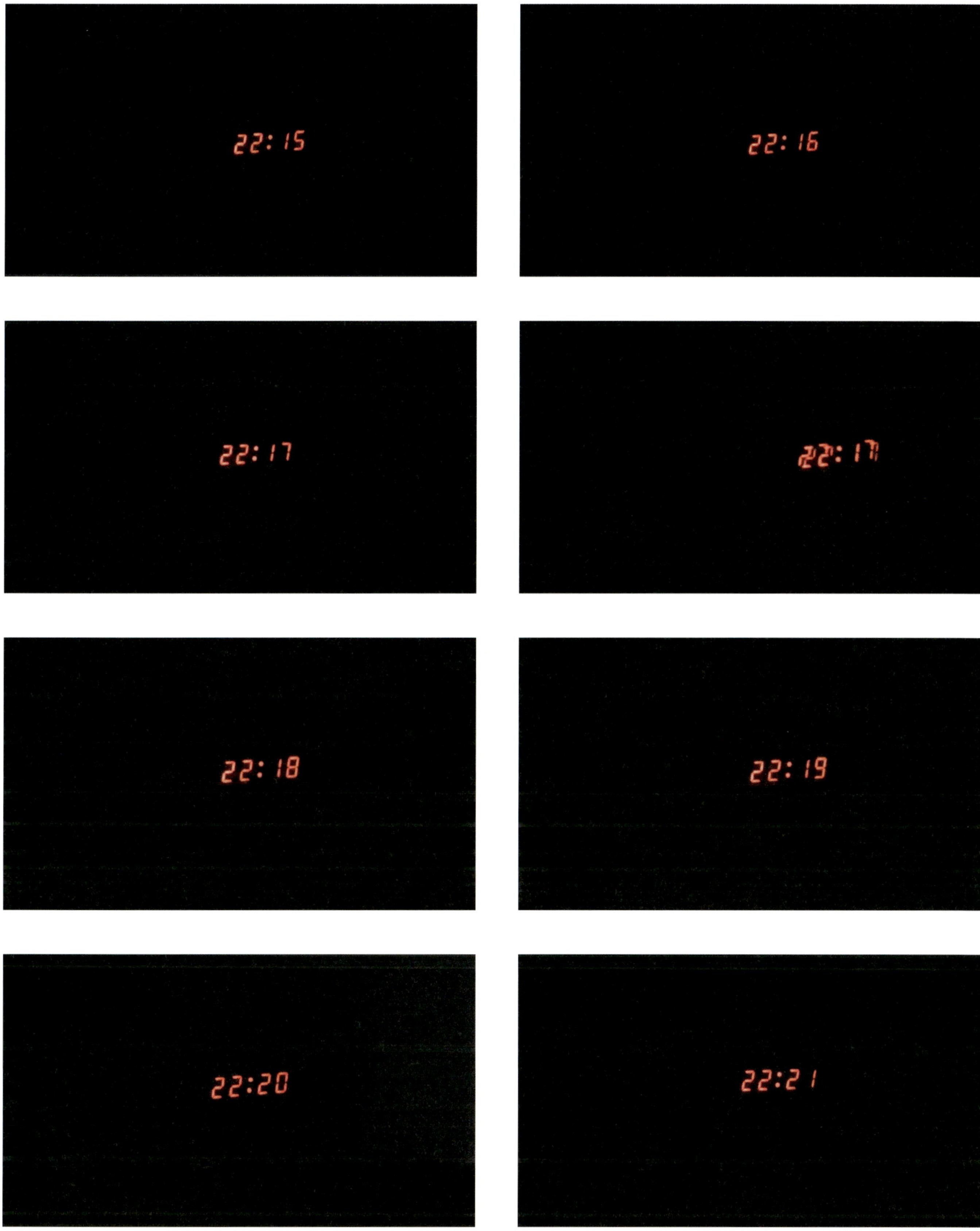

o.T. (Zeit) S. 40–45
2016
Videostills / video stills

Digitale Architekturen und analoge Behauptungen

Das Computerspiel Minecraft lockt mit einem unerschöpflichen Aufbaupotenzial. Franziska von den Driesch ist von der Exit-Option begeistert. Wer sich zu tief durch den Boden der virtuellen Bezirke buddelt, landet im Nichts, in einer schwarzen Unterwelt, im freien, endlos erscheinenden Fall. Aus diesem Reich der Schatten hat sich die Fotografin vorgearbeitet in die überirdischen Landschaften und Architekturen. Fotoarbeiten dokumentieren die Reise und zeigen Bau- und Bildtätigkeiten in Ambivalenz.

Grundbaustein der Minecraft-Welten ist der Quader. So viele Möglichkeiten er auch bietet, so hoffnungslos scheitert er am Runden. Auch die Sonne am Himmel ist eckig. Die Klötze bleiben klobig und grob, wenn sie sich zu Häusern oder Hügeln zusammensetzen. Dennoch streben sie größtmögliche Wirklichkeitssimulation an. Stein ist nicht einfach Stein, sondern Granit oder Ziegel, Beton oder Kies. Und Holz ist nicht Holz, sondern Esche oder Kiefer, Tropenholz oder heimische Buche. Die differenzierte Stofflichkeit vermittelt sich über Oberfläche und Farbe. So bieten sich den Gamern unzählige Materialvarianten für Bau- und Gestaltungsfantasien. Doch bei aller Raffinesse der Modellierung: Die klotzige Struktur und der Konstruktionscharakter bleiben offenkundig bestehen.

So behaupten die erschaffenen Welten Realität. Doch die Sichtbarkeit der Quader überführt sie als artifizielles Resultat der medialen Möglichkeiten. Die Klötzchen können als Elementarteilchen der Wirklichkeit verstanden werden. Genauso gleichen sie aber auch den Pixeln der digitalen Architekturen, dem Silberkorn der Fotografien und den Rasterpunkten des Drucks. So grenzenlos der Minecraft-Kosmos erscheint, so sichtlich überschaubar sind seine Elemente. Die formale Reduktion wirkt allerdings nicht begrenzend, sondern eher herausfordernd und animierend.

Minecraft stellt für die User zwei Operationsmodi bereit. In der ersten lässt es sich in gegebenen Landschaften touristisch flanieren. Bei ihren Reisen hat die Künstlerin Bildfunde gemacht, die sie ähnlich wie in der analogen Welt agieren ließen: für den richtigen Winkel und den optimalen Ausschnitt in die Knie gehen oder den Oberkörper beugen; ein Schritt zurück oder zwei Schritte vor, um den richtigen Abstand zu finden. In der zweiten Option können die Spielenden ihre eigene Welt schaffen. Franziska von den Driesch baut die Räumlichkeiten der Galerie Herold im Bremer Güterbahnhof nach, eine ortsbezogene Arbeit für eine Ausstellung.

Im Güterbahnhof befindet sich ihr Atelier. In der Galerie hat sie hunderte Male die Exponate fotografiert. Sie kennt also die Räume und bei der Neuerschaf-

Digital architectures and analog assertions

The computer game Minecraft entices with an inexhaustible building potential. Franziska von den Driesch is enthusiastic about the exit option. Whoever digs too deep through the floor of the virtual realms ends up in nothingness, in a black underworld, in seemingly endless free fall. From this realm of shadows, the photographer has worked her way into extraterrestrial landscapes and architectures. Photo works document the journey and show constructive and visual activities in ambivalence.

The basic building block of the Minecraft worlds is the cuboid. As many possibilities as it might offer, it fails hopelessly at achieving roundness. Even the sun in the sky is angular. The blocks remain chunky and rough when they are assembled into houses or hills. Yet they strive for the greatest possible simulation of reality. Stone is not simply stone, but granite or brick, concrete or gravel. And wood is not wood, but ash or pine, tropical wood or native beech. The differentiated materiality is conveyed through surface and color. Gamers are thus offered countless material variants for building and design fantasies. But for all the sophistication of the modeling: the chunky structure and the constructive character obviously remain a given feature.

In this way, the created worlds postulate reality. But the visibility of the cuboids transfers them as an artificial result of medial possibilities. The cuboids can be perceived as elementary particles of reality. In the same way, however, they also resemble the pixels of digital architectures, the silver grain of photographs, and the grid points of printing. As boundless as the cosmos of Minecraft appears, its elements are visibly comprehensible. However, the formal reduction does not have a limiting effect, but rather a challenging and animating one.

Minecraft provides users with two modes of operation. In the first one, the user is able to stroll touristically through given landscapes. During her travels, the artist made discoveries of images that let her act similarly to in the analog world: bend your knees or bend your torso for the right angle and optimal detail; take one step back or two steps forward to find the right distance. In the second option, the players can create their own world. Franziska von den Driesch recreates the space of Galerie Herold in Bremen's Güterbahnhof, a site-specific work for an exhibition.

Her studio is located in the Güterbahnhof. She has photographed the exhibitions in the gallery hundreds of times. So she knows the rooms, and in recreating the gallery in the computer game and documenting it in screenshots, she finds that she is following familiar camera positions. In the construction of the two exhibition rooms, for which she chooses white concrete, she reaches the limits of the cuboid repertoire. Details are hardly possible. Nevertheless, the simulation is coherent. By transforming the colourful Minecraft world into black and

fung der Galerie im Computerspiel und ihrer Dokumentation in Bildschirmfotos stellt sie fest, dass sie den vertrauten Kamerapositionen folgt. Im Aufbau der beiden Ausstellungsräume, für den sie weißen Beton wählt, stößt sie an die Grenzen des Quader-Repertoires. Details sind kaum möglich. Dennoch ist die Simulation stimmig. Durch die Verwandlung der farbigen Minecraft-Welt ins Schwarz-Weiß funktioniert die Materialdifferenzierung nicht mehr. Mit dem Wegfall der künstlichen Farbigkeit wächst allerdings die Wirklichkeit nachbildende Modell-Anmutung.

Die Fotoarbeiten, die das Flanieren durch die virtuellen Landschaften und die Erschaffung von Natur und Bauwerken dokumentieren, basieren auf Screenshots. Um die Arbeiten in ihre eigene physische Welt eingliedern zu können, überführt Franziska von den Driesch diese in analoge Fotografie. Mittels eines Filmrecorders kann sie die digital erzeugten Bilder auf einem Schwarz-Weiß-Kleinbildfilm belichten, manuell entwickeln und auf Silbergelatinepapier vergrößern. Könnte man die Ergebnisse doppelte Hybride nennen? Mischformen aus Computerprozessen und historischer Bauklötzchen-Architektur, aus Realitätsbehauptung und sichtbar grober Mechanik des Bauprozesses? Kippbilder aus Pixelstrukturen und physischen Materialteilchen? Wie in anderen Werkgruppen zielt die Künstlerin auch in ihren Minecraft-Fotoarbeiten auf Referenzorte in ihrer realen Umgebung und auf Alltagsbegegnungen. Sie markiert das Material ihrer Bildaufbauten und setzt Virtualität und Wirklichkeit ins Verhältnis. Die jeweils für sich bestehenden und verknüpften medialen Möglichkeiten rücken ebenso in den Fokus wie ihre Grenzen.

white, the material differentiation no longer works. With the omission of the artificial colouring, however, the appearance as a model replicating reality grows.

The photographic works documenting the stroll through these virtual landscapes and the creation of nature and buildings are based on screenshots. In order to be able to incorporate the works into her own physical world, Franziska von den Driesch transfers them into analog photography. Using a film recorder, she is able to expose the digitally created images on a black-and-white 35mm film, develop them manually, and enlarge them on silver gelatin paper. Could the results be called double hybrids? Hybrid forms of computer processes and historical building block architecture, of assertion of reality and the visibly crude mechanics of the building process? Ambiguous images of pixel structures and physical material particles? In her Minecraft photographic works, as in other groups of works, the artist aims towards reference sites in her real-world environment and everyday encounters. She marks the material of her pictorial constructions and brings virtuality and reality into a dialog with each other. The media possibilities that exist independently in each case and those that are linked together come into focus, as do their limits.

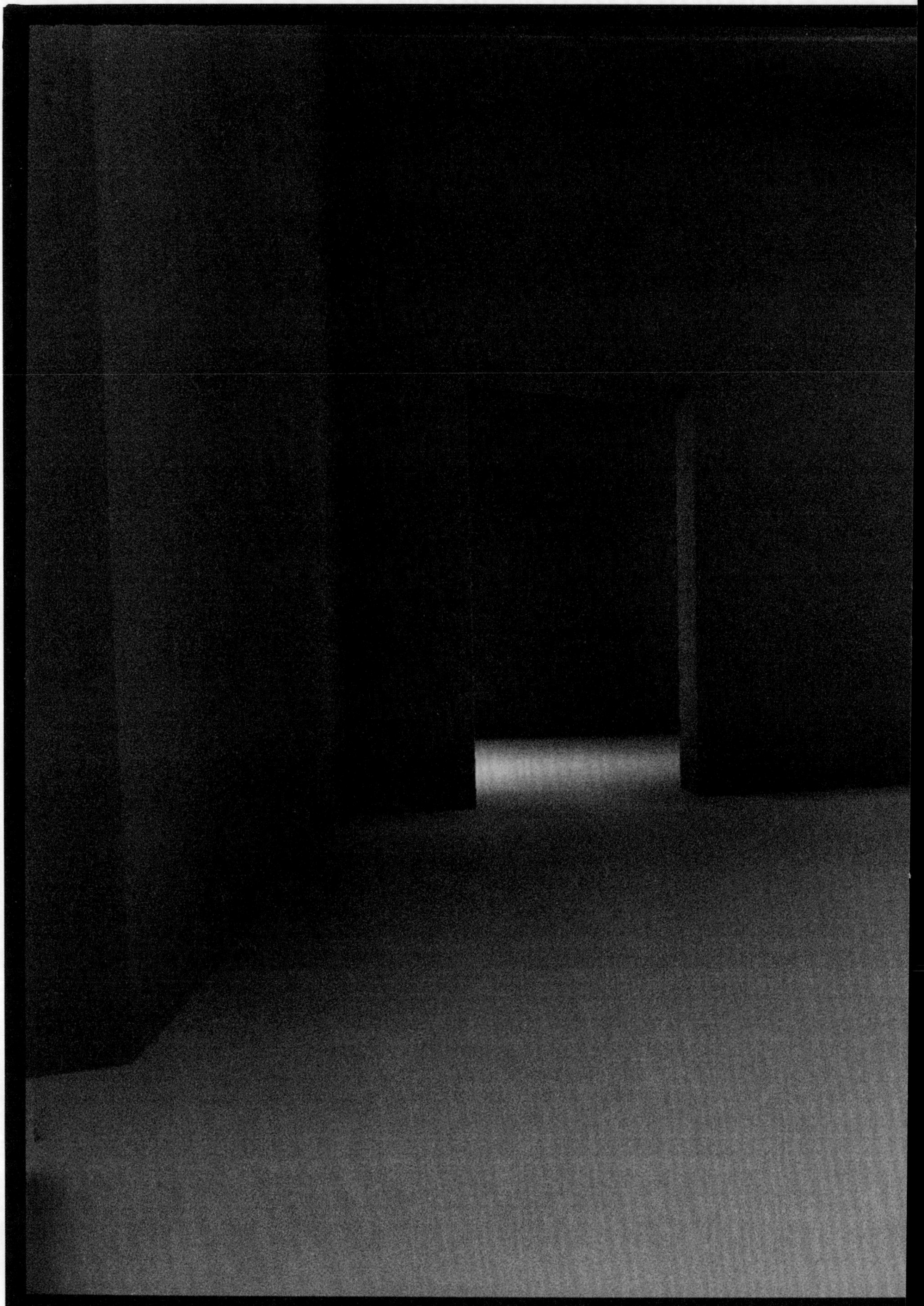

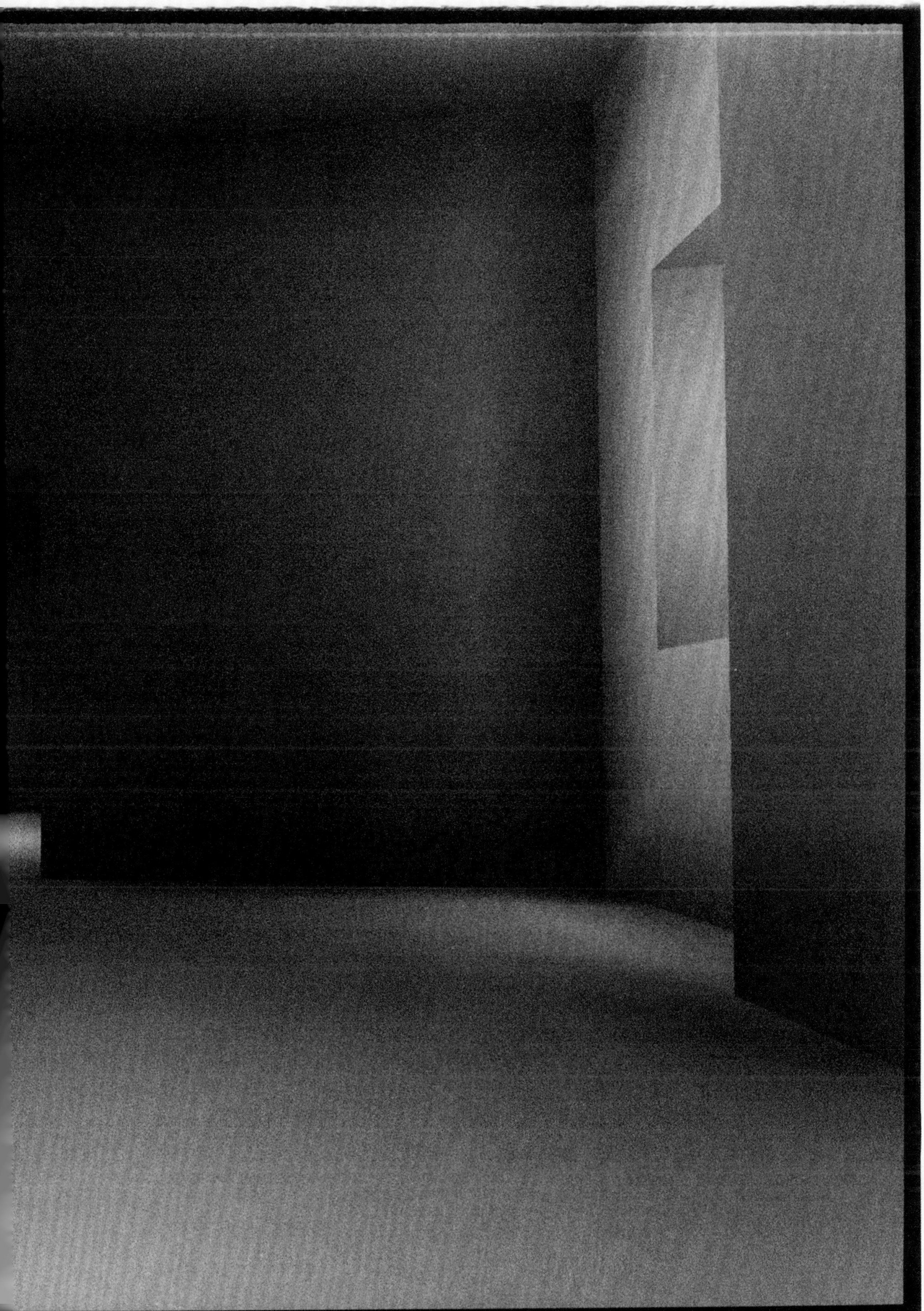

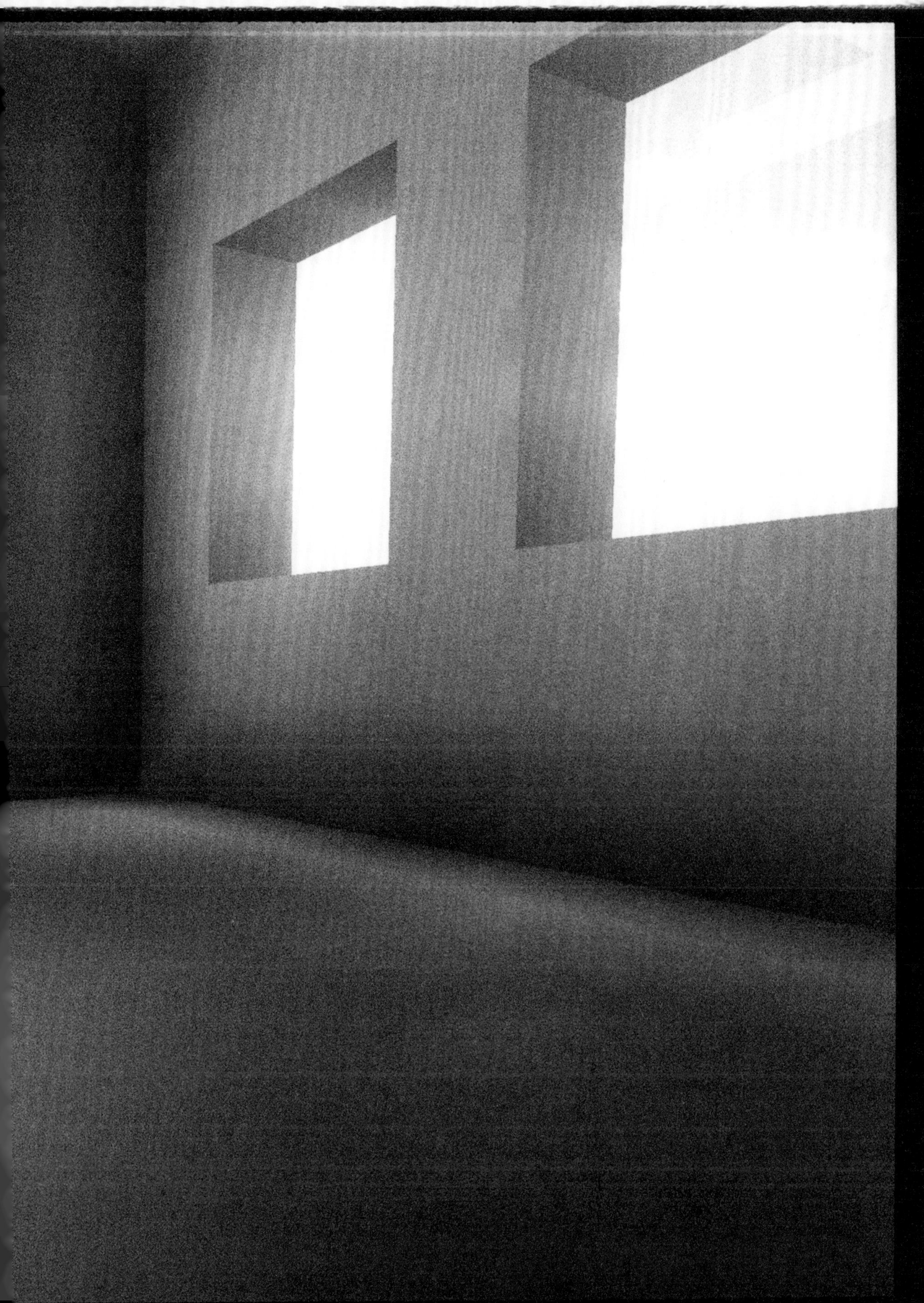

Direkt und opak: Fotogramme

Eine der meist zitierten Passagen aus Roland Barthes' „Die helle Kammer" zielt auf eine Grundeigenschaft der Fotografie. „Was immer auch das Photo dem Auge zeigt und wie immer es gestaltet sein mag, es ist doch allemal unsichtbar: es ist nicht das Photo, das man sieht." Die Diagnose der Unsichtbarkeit, die Barthes stellt, schließt an die früh etablierte und weit verbreitete Vorstellung von der Transparenz der Fotografie an. Die Fotografie sei das transparenteste aller künstlerischen Medien, erklärt der Kunsttheoretiker Clement Greenberg in den 1940er Jahren und greift die alte Bild-Metapher des Fensters auf, nach der ein Foto einen unvermittelten Blick auf die Welt eröffne. Diese Feststellung verstärkt den Status der Fotografie als Dokument, der ihr seit ihren Anfängen anhaftet. Der vermeintlich dokumentarische Charakter bremst allerdings auch den Aufstieg der Fotografie als Kunstgattung.

Ein Blick auf Fotografien und fotografische Arbeiten aus der Frühzeit des Mediums zeigt: Die Auffassung von der Transparenz ist nur bedingt nachvollziehbar. Im Bemühen um die Stabilisierung fotografischer Bilder liefern Daguerreotypie und Cyanotypie erste Ergebnisse. Die Blaudrucke von Anna Atkins beispielsweise halten Blicke in die Pflanzenwelt fest. Die Spuren des Abdrucks machen die Objekte in neuer Weise sichtbar. Im Gegensatz zu den Filtern der menschlichen Wahrnehmung lichten sie jedes Detail gleichermaßen ab. Dass Atkins' Fotogramme ohne die fotografische Stofflichkeit und ohne Berücksichtigung des Abdruckverfahrens gesehen werden können, überrascht. So ist der opake Anteil der Fotoarbeiten auch und gerade schon in den Anfängen der Fotografie präsent. Technische Fehler und Materialeigenschaften zählen früh zum Kernbestand der Rezeption und der Debatten um das Medium. Die Fotografie braucht also im Grunde keinen „material turn", die Materialität ist ihr inhärent.

Franziska von den Driesch umspielt mit ihren Fotogrammen somit ein Wesensmerkmal der Fotografie und knüpft an die lange Tradition von Lichtabdrucken an, die vor allem in der künstlerischen Ausprägung des Mediums eine Rolle spielten. Ob eher der stoffliche Reiz und das Eigenleben des Mediums mit seiner ungewöhnlichen Präsentation gewöhnlicher Dinge im Zentrum steht oder die schillernde, verrätselte Räumlichkeit der Licht- und Schattenwirkungen, ob mehr Experimentierlust oder strenges Konzept den Anstoß geben – das Fotogramm steht für die formalästhetische Ausprägung der Fotografie. Damit erfüllt sie unbestreitbar eine Kerndefinition von Kunst: Die Darstellung geht auf ihre spezifisch materiell-formale Weise über das Dargestellte hinaus. Und sie macht in der Markierung ihrer Medialität eine Wirklichkeit erst neu sichtbar, die zwischen, hinter und in den Dingen liegt.

Direct and opaque: photograms

One of the most quoted passages from Roland Barthes' Camera Lucida is directed at a basic property of photography. "Whatever it grants to vision and whatever its manner, a photograph is always invisible: it is not it that we see ..." The diagnosis of invisibility that Barthes makes connects to the early established and widespread notion of the transparency of photography. Photography is the most transparent of all artistic media, art theorist Clement Greenberg declared in the 1940s, echoing the old pictorial metaphor of the window, according to which a photograph provides an unmediated view of the world. This statement reinforces the status of photography as a document, which has remained conjoined to it since its beginnings. This supposedly documentary character, though, also slows down the rise of photography as an art genre.

A look at photographs and photographic works from the early days of the medium shows: The concept of transparency is only partially comprehensible. In an effort to stabilize photographic images, the daguerreotype and cyanotype provide the first results. The blue prints of Anna Atkins, for example, capture glimpses of the plant world. The traces of the print make the objects visible in a novel way. Unlike the filters of human perception, they expose every detail equally. That Atkins' photograms can be seen without the photographic materiality and without considering the imprinting process is surprising. Thus, the opaque component of the photographic works is present even and especially in the early days of photography. Technical flaws and material properties have been an intrinsic aspect in the reception and debates surrounding the medium since its very beginnings. Basically, photography does not need a "material turn"; materiality is intrinsic to it.

With her photograms, Franziska von den Driesch thus embraces an essential feature of photography and addresses the long tradition of light impressions, which above all played a role in the development of the medium as an art form. Whether the material appeal and the identity of the medium itself is in focus, with its unusual presentation of ordinary things, or the dazzling, enigmatic spatiality of light and shadow effects; whether it is more a desire to experiment or strict conceptual guidelines that provide the impetus—the photogram is representative of the formal aesthetic expression of photography. In this way, it indisputably fulfills a core definition of art: the depiction, in its specifically material, formal way, transcends that which is depicted. And in the marking of its mediality, it makes a reality that lies between, behind, and within things visible anew.

The photograms depict sheets of paper which bear the marks of being handled, and through these, in combination with their own materiality, translucency, and colour qualities, leave inscriptions on the photographic paper. The paper casts away its status

In den Fotogrammen bilden sich Papiere ab, die Bearbeitungsmale tragen und durch diese im Verbund mit der eigenen Stofflichkeit, Lichtdurchlässigkeit und Farbigkeit Einschreibungen auf dem Fotopapier hinterlassen. Das Papier entledigt sich seines dienenden, passiven Status und wird Objekt mit darstellerischem Potenzial und sinnlicher Ausstrahlung. Materialien und Verfahren sind genau geplant, Arbeiten in Serien unterliegen dem gleichen Prozedere. So wirken gleichermaßen Konzeptualität wie Stofflichkeit und eine Bildhaftigkeit, die Assoziationen zu Figurationen in der außerbildlichen Wirklichkeit möglich macht. Die Farbfotogramme erinnern an Faltenwürfe und damit klassische malerische Motive. Die Fotoarbeiten bezeugen den der Fotografie zugewiesenen Index-Status. Sie dokumentieren in ihrer auf Dauer gestellten Präsenz nicht nur vergangene Anwesenheit von Objekten, sondern als Unikate auch die direkte singuläre Berührung zwischen Objekt und Bildträger. Ihr „dokumentarischer" Anteil bezieht sich also gleichermaßen auf das Motiv wie auf das Material und auf das Licht und deren Aktionen und Reaktionen. Autopoiesis, das heißt die Eigenschöpfung des Materials und des im Fall des Fotogramms nicht vollständig kalkulier- und steuerbaren Lichts, kennzeichnet Aktion und Autorschaft. Die Künstlerin stellt die Vor- und Rahmenbedingungen bereit, sie wirkt auf die Papiere ein, indem sie Formate bestimmt, Rahmen setzt, Plastizität erzeugt. Sie bringt Zustand und Zufall ins Wechselspiel. Die performativen Anteile sind an dem fixierten Werk ablesbar.

Die technisch-physischen Ereignisse wie auch die Materialentfaltung stellen nur eine Ebene dar. Das spezifisch Bildhafte des vielschichtigen Formgeschehens vollendet sich erst in der Rezeption, die durch die reduzierte Gestalt maximal geöffnet und herausgefordert wird. Die Fotografin kann auf Subtexte aus der bildenden Kunst setzen, die Abstraktion als Vordringen zum Wesenskern der Dinge und als Verschmelzung mehrerer Bedeutungsschichten in Stellung bringt. Dass die vermeintlich dokumentierenden Fotogramme hochpoetische Transformationen darstellen, zeigt sich schon daran, dass sie die Rückseite der Dinge abbilden, also deren Geheimnis bewahren und zu einem hintergründigen Blick aufrufen. Auch kehren sich die Licht- und Schattenverhältnisse um, was die bildliche als eine eigene und eigenständige Welt markiert. Die Fotogramme sprechen von verschiedenen Wirklichkeiten zwischen Physis und Poesie, von einer Poesie des Physischen. Sie treten aber auch als Spiegel der Wahrnehmung auf und reflektieren neben dem Licht die Aktivität der Netzhaut und der ihr vorgeschalteten und nachgelagerten neuronalen Medien.

Die besondere Bildwirkung des Fotogramms resultiert nicht zuletzt aus der Tatsache, dass diese nur eine Schicht, und zwar die Oberflächenebene des Objekts aufnimmt und festhält. Die Tiefe wird ausgeblendet. Das Fotogramm tritt also als das Medium auf, das mehr als andere die Idee materialisiert, dass sich die Dinge an der Oberfläche als Ganzes zeigen. Durch die Beschränkung auf die Oberfläche stellt sich in ihm eine

of servitude and passivity, and becomes an object with representational potential and sensual emanation. Materials and processes are precisely planned; serial works are subject to the same procedure. In this way, both conceptuality and materiality are equally effectual, as well as a pictoriality that makes associations with figurations in extra-pictorial reality possible. The colour photograms are reminiscent of cascading folds and thus of classical painterly motifs. The photographic works testify to the index status assigned to photography. In their permanent presence, they document not only the foregone presence of objects, but also, as uniques, the direct singular contact between object and image carrier. Their "documentary" role thus refers as much to the motif as to the material and to the light and their actions and reactions. Autopoiesis, that is, the self-creation of material and of light, which in the case of the photogram cannot be fully calculated and controlled, characterizes action and authorship. The artist provides the preliminary and configurative conditions; she influences the papers by determining formats, setting frameworks, creating plasticity. She brings condition and chance into interplay. The performative aspects can be experienced within the finalized work.

The technical-physical happenings, as well as the unfolding of the material, represent only one level. The specifically pictorial nature of the multi-layered formulations is only concluded in their reception, which is opened and challenged to the highest degree by its reduced form. The photographer can rely on subtexts from the fine arts, which posit abstraction as a penetration into the very essence of things and as a fusion of multiple layers of meaning. The fact that the supposedly documentary photograms represent highly poetic transformations is already evident from the fact that they depict the reverse side of things, thus preserving their mystery and evoking a more enigmatic gaze. The relationships between light and shadow are also reversed, which marks the pictorial as a separate and independent world. The photograms speak of varying realities between physicality and poetry; of a poetry of the physical. But they also appear as mirrors of perception, reflecting not only light but also the activity of the retina and its upstream and downstream neural media.

The particular pictorial effect of the photogram results not least from the fact that it records and captures only one layer, namely the surface level of the object. All sense of depth is dissolved. The photogram thus appears as the medium that, more than others, materializes the idea that things reveal themselves, as a whole, on their surface. By limiting itself to the surface, a sharpness is established that is otherwise rarely achieved in photography, and which, in interaction with the materiality of the paper print, summons a haunting presence. As much as the physical object in the photogram comes to the forefront as documentation, as much as the process is correspondingly formulated and thus shifts the work to a

Schärfe ein, wie sie sonst in der Fotografie kaum erreicht wird und die im Zusammenspiel mit der Stofflichkeit im Papierabzug für eindringliche Präsenz sorgt. So sehr das physische Objekt im Fotogramm als Dokument in den Vordergrund rückt, so sehr das Verfahren mit formuliert ist und das Werk damit auf eine Reflexionsebene rückt, so stark setzt doch gerade die haptisch sinnliche Anmutung einen belebten, lebendigen, strömenden Bildcharakter frei.

level of reflection, it is precisely the haptic, sensual impression that releases an animated, lively, flowing pictorial character.

Grau: Stufen, Übergänge, Ambivalenzen

Mit der Ausblendung der Farbigkeit in der Mehrzahl der Arbeiten ist bereits eine Verwandlung des Alltagsblicks vorgenommen. Ausschnitt- und Perspektivwahl, Einebnung in die Zweidimensionalität, Ausschaltung anderer Sinneseindrücke und Stillstellen des Ereignisstroms schaffen mit dem Schwarz-Weiß eine spezifisch fotografische Wirklichkeit. Farbigkeit erscheint im Foto weniger wahrhaftig, aufgrund des medial bedingten Farbsystems eher artifiziell. Schwarz-Weiß dagegen wirkt trotz der Differenz zum geläufigen Auftritt der Dinge vertieft realistisch. Es ermöglicht in der Schärfe der Kontraste, im Reichtum der Tonwerte und Binnennuancen, in der Verdichtung und Abwahl von Nebensächlichem eine konzentrierte Wahrnehmung. Damit ist ein Durchdringen der Oberflächen hin zum Wesen der Gestalten und Gegenstände suggeriert. Im Schwarz-Weiß ist zudem die Magie eingeschlossen, die von den Anfängen der Fotografie als physisch bedingte und körperlich präsente „Selbsteinschreibung" der Dinge ausging.

So ist mit dem Grauspektrum ein Merkmal der Fotografien exponiert, das über den Aspekt eines Farbwertes hinausgeht. Schwarz-Weiß-Fotografie ist eine Versammlung und Verteilung von Grauwerten und -stufen, die aneinanderstoßen oder ineinanderfließen. Das Grau lässt sich in Analogie und Ergänzung zum Verständnis der Werkgruppen „Blanko" und „Korn" als eine Transitzone verstehen. Auf dieser Schwelle sind gegensätzliche Elemente enthalten, die sich in unterschiedlichen Dichten und Sättigungsgraden begegnen und vermengen: hell und dunkel, schwarz und weiß, transparent und opak, eine definierte und doch fluide Fläche aus Licht und Schatten mit Grenzen, Verläufen und Übergängen. Im Rauschen der vergrößerten Körnigkeit des Films wie in einem fließenden Feld von Staub oder Sand tritt das Grau als Begegnung von Anfang und Ende, zwischen Statik und Dynamik auf. Quelle und Schlusspunkt fallen zusammen. Grau hebt auf und räumt frei, setzt eine Pause und bietet als Leerstelle der Betrachtung offenen Raum. Alles scheint möglich, nichts liegt fest. Das Grau hält sogar Minimalismus und Monochromie selbst in der Schwebe.

Grau ist Mischung der Farben und Anfang von Kolorit, Umschlagpunkt der Sichtbarkeit. Es markiert Anfang und Ende des Lichts. Die Dämmerung der Dinge und die Passage der Wahrnehmung verbinden sich. Das Ausblenden der Buntheit lenkt den Blick weg von den singulären, Identität schaffenden Attributen hin zu den universellen formalen Kräften, zu Linien und Flächen, Kontrasten und Korrespondenzen, Rhythmen und Klängen. Das Einzelereignis ist nicht in Konturen zu erkennen und zu identifizieren, sondern im Gemenge allenfalls zu erahnen. Gestalt tritt in ihren Möglichkeiten auf. Die visuelle Unschärfe tritt als ein scharfer

Grey: gradations, transitions, ambivalences

Within the fading out of the colour in the majority of the works, a transformation of the everyday way of viewing has already taken place. The choice of detail and perspective, the flattening into two-dimensionality, the switching off of other sensory impressions, and the quietening of the flow of events create through black and white a specifically photographic reality. Colour appears less truthful within a photograph- more artificial- due to the colouration system inherent in the medium. Black and white photography, on the other hand, has a profoundly realistic effect, despite its dissolution from the common appearance of its subjects. In the sharpness of the contrasts, in the richness of the tonal values and internal nuances, in the concentration and the eradication of incidentals, it enables a concentrated perception. Here, a penetration of the surface is suggested, reaching the very essence of the figures and objects. Black and white photography also acts as a vessel containing the magic emanating from the very beginnings of photography as the physically conditioned and tangibly present "self-inscription" of things.

Thus, with the grey spectrum, a characteristic of photographs is exposed which extends beyond the aspect of colour value. Black and white photography is a collection and distribution of grey values and gradations which collide with, or flow into one another. Grey can be understood in analogy and supplement to the understanding of the work groups "Blanko" and "Korn" as a transitory zone. Within this threshold are opposing elements that meet and blend in varying densities and degrees of saturation: light and dark, black and white, transparent and opaque, a defined yet fluid surface of light and shadow with boundaries, gradients, and transitions. In the noise of the amplified graininess of the film, as if in a sweeping field of dust or sand, the grey appears as a confrontation of beginning and end, between static and dynamic. Inception and conclusion coincide. Grey lifts and clears free, allows room for a pause and offers vacant space as an emptiness for contemplation. Everything seems possible, nothing is fixed. Grey holds even minimalism and monochrome itself in abeyance.

Grey is the mixture of tones and the beginning of colour, the point of transition of visibility. It marks the beginning and end of light. The twilight of things and the passage of perception coalesce. The fading out of vibrancy directs the view away from singular, identity-forming attributes, and towards universal structural forces, to lines and surfaces, contrasts and correspondences, rhythms and sounds. The singularity is not to be recognized and identified in contours, but at most to be surmised in the amalgam. Gestalt appears in its possibilities. The visual blurring appears as an acute mode of sensitivity in the deliberate endeavour towards ambiguity. Grey illuminates abstraction and reduction, it forms a curtain behind which the image withdraws into and upon itself. Grey can be under-

Empfindungsmodus auf im bewussten Hinwirken auf Uneindeutigkeit. Grau beleuchtet Abstraktion und Reduktion, es formuliert einen Vorhang, hinter dem sich das Bild in und auf sich selbst zurückzieht. Grau lässt sich als Materialisierung und als Metapher von Ambivalenz und Differenz verstehen. Darin ist alles auf- und ausgeblendet, ab- und aufgeschlossen zugleich. Eine graue Fläche ist kein leeres Bild. Es trägt bereits Vorgaben und füllt sich mit Vorstellungen. Bevor etwas sichtbar wird, ist es schon da.

Ursache für die Staffelung der Bildfläche in verschiedene Bahnen und Bezirke ist der unterschiedlich lange und intensive Einfall von Licht. Grau erschafft eine intime Wahrnehmungs- und Erfahrungsqualität: Weitblick und Einsicht in einem, Nähe und Tiefe. In einem Kammerspiel, das gewohnte Raumkoordinaten und Orientierungsmarken aussetzt, verschleiert Grau das Geschehen und saugt es förmlich auf. Selbstreflexion und Wahrnehmungsskepsis spielen zusammen. Das Bildereignis pendelt zwischen Exposition und Immersion. Affekte werden verabschiedet, sinnliches Vergnügen erscheint ausgeblendet. Dafür bekommen das Sublime und Auratische eine Bühne. Dabei vermittelt sich eine grundlegende Haltung: In der Zurücknahme der bildrhetorischen Mittel drückt sich eine Skepsis gegenüber der Ausdrucksmöglichkeit, eine Verweigerung des Abbilds aus.

Grau umkreist einen prekären Kippmoment der Wahrnehmung: Wann erzeugt der Prozess der Auslöschung und Entleerung die Erfahrung einer Transzendenz? Wann führt dieselbe Entleerung des Bildes bloß zur Langeweile und Leere des Auges? Wann kann man Ungewissheit und Unordnung als eine radikal herausfordernde ästhetische Erfahrung annehmen und wann wiederholt sie nur von außen auferlegte, aber verinnerlichte Formen der Melancholie in einem trüben System fremd bleibender Sichtbarkeiten? Grau thematisiert die Problematik von Reduktion und Verdinglichung. Figur und Grund mischen sich wie die Farben. Die gerahmte Bildwahrnehmung wird von einer grenzenlosen Raumwahrnehmung geflutet.

Das Grau in den beschriebenen Facetten ist bei Franziska von den Driesch in Fotogrammen unterschiedlicher formaler Ordnung, Thematik und Motivik repräsentiert. Neben Kornformationen, in denen Unschärfen die Fokussierung sowie das Verhältnis der Bildschichten thematisieren, finden sich Grauabstufungen, in denen sich vor dem Hintergrund der in der Fotografiepraxis wichtigen Prüfstreifen die Einschreibungen des Lichts widerspiegeln. Licht wird in einigen Arbeiten von einem erkennbaren Zugangsort ausgehend als pulvriger Kegel auf der Schwelle zum skulpturalen Auftritt sichtbar, ein erhellendes, sichtbar machendes, Raum bestimmendes und Form gebendes physisches Ereignis. In einer umfangreicheren Werkgruppe teilt der unterschiedliche Lichteinfall das Bild in eine hellere und eine dunklere Fläche. Mal entstehen eher fließende Übergänge, mal ergibt sich eine klar definierte Grenze. Dabei wirken beide Bezirke nicht voneinander abgeschnitten, sondern sind dialogisch auf-

stood as materialization and as a metaphor for ambivalence and difference. In it, everything is faded in and out, closed off and opened up at the same time. A grey surface is not an empty image. It already carries specifications and is filled with suggestions. Before something becomes visible, it is already there.

The determinant of the graduation of the image surface into different strips and areas is the exposure to light of different lengths and intensities. Grey creates an intimate perceptual and experiential quality: foresight and insight in one, proximity and depth. In an intimate play that suspends familiar spatial coordinates and orientation markers, grey veils that which is taking place and literally absorbs it. Self-reflection and perceptual skepticism play together. The pictorial event oscillates between exposure and immersion. Emotions are dismissed, sensual pleasure seems to be faded out. Instead, the sublime and the auratic are given a stage. In the process, a fundamental attitude is conveyed: the withdrawal of pictorially rhetorical means expresses a skepticism toward the possibility of expression; a refusal of the image.

Grey circles around a precarious tipping point of perception: when does the process of erasure and emptying produce the experience of a transcendence? When does the same emptying of the image merely lead to boredom and emptiness in the gaze? When can uncertainty and disorder be embraced as a radically challenging aesthetic experience, and when does it merely repeat externally imposed yet internalized forms of melancholy in a murky system of unknowable visibilities? Grey thematizes the problematic of reduction and reification. Figure and ground intermingle like colours. The framed perception of the image is flooded by a boundless perception of space.

In Franziska von den Driesch's work, grey within the various facets described is represented in photograms of varying formal order, subject matter, and motif. In addition to grain formations, in which blurring thematizes focus as well as the relationship between the image's layers, gradations of grey are to be seen, in which the inscriptions of light are reflected against within background of photographic test strips; of high importance in the practice. Beginning as a recognizable point of access, light becomes visible in some works- as a powdery cone on the threshold of revealing itself as sculptural; an illuminating, sight-enabling, space-defining and form-giving physical event. In a more extensive group of works, the varying encounters with light divide the image into a lighter and a darker surface. Sometimes the transitions are quite fluid; sometimes there is a clearly defined boundary. The two areas do not, however, appear to be cut off from one another, but are related to each other in dialogue.

With their emergence out of purely photographic processes, the light graphics constitute an autonomous pictorial world, the concrete interplay of light, time and chemical solutions. At the same time, with their archetypal horizon line, they can never exclude

einander verwiesen. Die Lichtgrafiken formulieren mit ihrer Entstehung aus rein fotografischen Prozessen eine autonome bildliche Welt, das konkrete Zusammenspiel aus Licht, Zeit und chemischen Lösungen. Zugleich können sie mit ihrer archetypischen Horizontlinie Assoziationen zur Landschaft und damit den der Fotografie implizit immer zugesprochenen Status der Ablichtung niemals ausschließen. Sie erinnern etwa an Fotografien von Hiroshi Sugimoto, in denen sich Landschaftsaufnahme und fotografische Inszenierung vermischen und dadurch eine eigene Bildwirklichkeit schaffen. In der Langzeitbelichtung und damit Ausblendung von Einzelereignissen ist die der Fotografie automatisch anhaftende Augenblickserfassung ausgesetzt. Das statische Einzelbild ist von einem Geschehensstrom erfüllt, der dem Wesen der Wirklichkeit näher ist als der Rapport des Moments. Das gedehnte bildliche Narrativ des Sichtbaren erscheint trotz der Ferne zum Fotografischen näher an der wahrhaftigen „Natur". Das auf Dauer gestellte Licht beleuchtet die Zeit und bezieht das Materielle und Immaterielle wie das stoffliche und geistige Verhältnis zwischen Erde und Himmel aufeinander.

associations to landscape and thus to the perpetually ascribed status of the photograph as reproduction. They are reminiscent, for example, of photographs by Hiroshi Sugimoto, in which landscape photography and photographic staging intermingle and thus create their own pictorial reality. In the long exposure and resulting dissipation of individual events, the momentary capture automatically inherent in photography is suspended. The single, static image is suffused with a stream of events which is closer to the essence of reality than the rapport of the moment. The prolonged pictorial narrative of the visible appears closer to true "nature" despite its divorce from the photographic. The longer duration of exposure illuminates time and associates the material and immaterial with each other, as seen in the bodily and spiritual relationship between earth and sky.

Begriff und Label: konstruktiv, konzeptuell, konkret?

Die Fotografiegeschichte, an die Franziska von den Driesch anknüpft, stellt für ihre Position Begriffe und damit Einordnungen bereit. Mit der Thematisierung des Fotografischen knüpft sie an die Selbstreferenz als Kernkategorie der künstlerischen Moderne an. Die Blickrichtung verschiebt sich von der vorgefundenen äußeren Realität zur inneren Wirklichkeit des Mediums. Das Bild als Binnenereignis verdrängt das Abbild. Dabei behält die Fotografie dennoch unabdingbar den Bezug zu einem Außenraum, dem sich die Optik zuwendet und dessen vorgegebene Anwesenheit sie in einer apparativ beglaubigten Wahrhaftigkeit bezeugt. Die Position der Künstlerin erinnert an den Glaubenssatz der Moderne, jedes Medium beziehe seine künstlerische Kraft aus den ihm spezifisch eigenen Mitteln und Möglichkeiten. Zugleich weist sie in ihrer Thematisierung von bisweilen konträren Zuschreibungen an das Fotografische und mit dem Blick auf die Offenheit und Verhandelbarkeit der Wahrnehmung von Fotografien über Manifeste klassischer Modernität hinaus.

Der Begriff der Abstraktion scheint sich für das vorliegende Werk wenig zu eignen, weil Abstrahiertes vom Begriff her einen gegenständlichen Ursprung in einer Außenwirklichkeit voraussetzt. In der Formel von der autonomen oder absoluten Fotografie schwingt die Vorstellung eines abgeschlossenen Systems mit, das die zahlreichen Anschluss- und Transfermöglichkeiten ausblendet, denen in den hier vorliegenden Arbeiten der Weg geebnet werden. Auch wenn die Form im Fokus steht, zeigt sich doch gerade an diesen, dass die formale Folie von Verfahren und Strukturen die Qualität von Wahrnehmung und Bewusstsein auf den semantischen Feldern entschieden bereichert. Nicht aus der Deutung von Bildlichem lässt sich gedanklicher Gewinn schöpfen, sondern aus einem bildlichen, das heißt visuell organisierten Denken selbst. Der Begriff der konzeptuellen Fotografie trägt insofern nicht, als die Idee sich nicht vollständig im gedanklichen Entwurf ausbildet, sondern im experimentell praktischen Zugriff oder als Nebeneffekt in gewohntem Gebrauch einstellt.

Ein Teil der Arbeiten könnte als generative Fotografie bezeichnet werden, vor allem jene, die in hohem Maße eine selbstschöpfende Genese aufweisen und somit die Entstehung als ästhetischen Kern vermitteln. Allerdings steht das Ergebnis, also das Werk im klassischen Sinn, mindestens gleichrangig neben dem Prozessgedanken.

Am ehesten scheint noch der Begriff der konkreten Fotografie zu passen, da bei diesem die Innensicht des Fotografischen in Gestalt von Material und Verfahren die künstlerische Intention und ästhetische Ausprägung markiert. Zudem enthält das Wort „konkret"

Concept and label: constructive, conceptual, concrete?

The history of photography, to which Franziska von den Driesch's practice is linked, provides terms and thus classifications for her position. With the thematization of the photographic, she alludes to the idea of self-reference as a core category of artistic modernism. The direction of vision shifts from the found external reality to the internal substance of the medium. The image as an internal event displaces the likeness. Nevertheless, photography indispensably retains a reference to an external space, to which the optic turns and whose given presence it testifies to in a truthfulness authenticated by apparatus. The artist's position is reminiscent of the modernist belief that every medium derives its artistic power from its own specific means and possibilities. At the same time, in her thematization of at times contrary attributions to the photographic and with her view of the openness and negotiability of the perception of photographs, she signifies beyond the manifestos of classical modernity.

The concept of abstraction seems ill-suited to the work at hand, because abstraction, by its very definition, presupposes an origin in representation within an external reality. The formula of the autonomous or absolute photograph resonates with the notion of a closed system, which shrouds the numerous possibilities of connection and transfer which the works presented here readily allow for. Even if the focus is directed towards form, it is precisely in these works that it becomes apparent that the formal veil of procedures and structures decidedly enriches the quality of perception and consciousness in the semantic realms. It is not from the interpretation of the pictorial that intellectual gain can be drawn, but from a pictorial, that is, visually organized thinking itself. The denomination of conceptual photography does not so much convey the idea as being incompletely formed in its intellectual design, as it does at being habitually used in experimental practical access or as a side effect.

Some of the works could be described as generative photography, especially those which demonstrate a high degree of self-creating genesis and thus convey emergence as an aesthetic core. The result, however, i.e. the work in the classical sense, is at least equally important to the idea of process.

The term "concrete photography" seems to correspond most fully, as within this term, the inner glimpse of the photographic in the form of material and process marks the artistic intention and aesthetic expression. In addition, the word "concrete" contains a bridge to the fine arts and refers to an epoch in which photography established itself as an art form and played an essential role in aesthetic discourse. In addition, concrete photographs, particularly in the form presented here, reveal a substantial formal proximity to concrete painting, which underscores the creative character of the photographic work,

eine Brücke zur bildenden Kunst und verweist auf eine Epoche, in der sich die Fotografie als Kunstform etabliert und den ästhetischen Diskurs wesentlich mitträgt. Zudem lassen konkrete Fotografien, zumal in der hier vorliegenden Ausprägung, eine große formale Nähe zur konkreten Malerei erkennen, die den schöpferischen Charakter der fotografischen Arbeit unterstreichen, ganz gleich ob dies nun konstruktiv oder kompositorisch zu nennen ist.

In diesem weit gespannten Begriffsfeld bewegen sich die Arbeiten der Fotografin. Ihre spezifische Qualität resultiert daraus, dass sie nicht ästhetischen Manifesten folgen, sondern durch ihre Arbeiten Ambivalenzen aufwerfen und Verhandlungsspielräume öffnen. Im Austausch mit diesen müssen sich Wahrnehmungskriterien und Erkenntniskategorien erst finden und ausbilden. In der Reduktion auf universelle Strukturen und elementare Fragen bleiben das Singuläre und Individuelle eines Blicks oder eines Bildes enthalten. Im pendelnden und schwankenden Abgleich zwischen begrifflich-kategorialer Orientierung und beschreibend-einschreibender Erfassung dessen, was visuell, tatsächlich und augenscheinlich der Fall ist, bewegt sich die Betrachtung.

regardless of whether this is to be termed constructive or compositional.

The photographer's works move within this broad conceptual field. Their specific quality results from the fact that they do not follow aesthetic manifestos, but rather raise ambivalences through their workings and open up spaces for negotiation. In exchange with these, criteria of perception and categories of cognition must first find and establish themselves. In the reduction down to universal structures and elementary questions, the singular and individual of a gaze or an image remain contained. The observation moves within the oscillating and fluctuating balance between conceptual-categorical orientation and descriptive-inscriptive registration of what is visually, actually and apparently the case.

Sensorische Beute für den Erkennungsdienst des Bewusstseins

Eine Diagnose aus den späten 1960er Jahren, der Fotografie mangele es an theoretischer Begleitung, ist längst Geschichte. Vielleicht hat sie auch so nie gestimmt. Der fotografische Diskurs ist erdrückend umfangreich und in der Forschung ebenso wie in der Kunstöffentlichkeit fest etabliert. Manche betrachten allerdings mit Skepsis die Dominanz einiger weniger zumeist historischer Positionen und Befunde. Zudem wird bemängelt, dass bei dem häufig kunstphilosophisch angelegten Zugang zur Fotografie die Fotografien selbst zum Randphänomen werden. Dieser Beitrag stellt den Versuch dar, die behandelten fotografischen Werke ausgewählten Aspekten des Diskurses zuzuordnen, vor allem aber selbst sprechen zu lassen und zum Sprechen zu bringen. Das liegt in diesem Fall nahe, weil die Arbeiten selbst die Reflexion einschließen, aber dezidiert mit fotografischen Mitteln und auf eine material- und verfahrensbestimmte Weise. So lässt sich die Theorie nur aus der Praxis und die analytische Durchdringung nur aus einer aneignenden Anschauung und Darstellung gewinnen. Das Narrativ dieser Position gründet in der Form. Wahrnehmungsgewinn und Erkenntniszuwachs sind nur aus der sensorischen Erfahrung des der Kunst eigenen Potenzials zu erzielen.

In dem betrachteten Werk geht es um die materiellen Voraussetzungen der Fotografie, die als Gestaltungsmittel und als Thema zugleich auftreten. Es geht um die Medienspezifik, also das, was Fotografie ausmacht und von anderen künstlerischen Gattungen unterscheidet. Dieser Selbstbezug geht nicht zuletzt darauf zurück, dass der Status und Rang der Kunst durch den Wegfall eines gesellschaftlichen Auftrags und einer gesellschaftlichen Funktion unsicher geworden ist. Die Kunst muss sich selbst finden, erfinden, reflektieren und dadurch nicht zuletzt auch legitimieren und regulieren. Dieser Auftrag von innen und außen gehört zur Freiheit der Kunst, sich selbst zu bestimmen und sich selbst Bedeutung zuzuweisen.

Aus den medialen, das heißt materiellen und formativen Bedingungen der Fotografie erwachsen die Formgebungen, die das Wesen alles Künstlerischen ausmachen. Kunst ist Formgebung und Formgebung ist Transformation. Diese Verwandlung vollzieht sich unter den spezifischen Bedingungen des Mediums. Die Fotografin ist genauso Autorin wie die Fotografie selbst als Resonanzraum für Licht, Zeit, Papier, Filmmaterial. Flächen, Linien, Hell-Dunkel, Kontraste, Verläufe, Verteilung, Verdichtung, Schichtung – darum geht es. In der Umkehr der Fokussierung vom Gegenstand außerhalb des fotografischen Systems zum Fotografischen, zum Fotografieren und zur Foto-Autorin selbst erfährt unser Blick eine Neuausrichtung. Interessant

Sensory prey for the recognition service of consciousness

A diagnosis from the late 1960s claiming that photography lacked theoretical support has long since been consigned to history. Perhaps it was never true in the first place. The photographic discourse is overwhelmingly extensive and firmly established in research as well as in the public of the art world. Some, however, view the dominance of a few mostly historical positions and findings with skepticism. In addition, it is criticized that in the often aesthetic philosophical approach to photography, the photographs themselves become marginal phenomena. This contribution represents an attempt to assign the photographic works discussed to selected aspects of the discourse, but above all to let them speak themselves and to lend them a voice. This is accurate in this case, as reflection is present in the works themselves, but decidedly through photographic means and in a material and procedural way. Thus theory can only be gained from practice, and analytical penetration only from an appropriating contemplation and representation. The narrative of this position is grounded in form. Perceptual gain and growth in knowledge can only be achieved from the sensory experience of the potential inherent in art.

The work under consideration is concerned with the material preconditions of photography, which appears as a means of creation and as a subject at the same time. It is about the specificity of the medium, that is, what constitutes photography and distinguishes it from other artistic genres. This self-reference goes back not least to the fact that the status and rank of art has become uncertain due to the elimination of a social objective and function. Art must find itself, invent itself, reflect itself, and thereby not least legitimize and regulate itself. This mandate from within and without is part of art's freedom to determine itself and to assign itself meaning.

From the medial, i.e. material and formative conditions of photography arise the formations that constitute the essence of everything artistic. Art is shaping and shaping is transformation. This transformation takes place under the specific conditions of the medium. The photographer is as much the author as is photography itself, as a resonating space for light, time, paper, film material. Surfaces, lines, chiaroscuro, contrasts, gradients, distribution, concentration, layering—these are the central elements. In the reversal of focus from the object outside of the photographic system to the photographic itself, to the very act of photographing and to the photographer herself, our gaze is subject to reorientation. What is interesting here is that this does not lead to a narrowing of focus down to the apparatus, the technical, the mechanical and the material, but rather to a widening; to an opening into other, above all also content-related, spaces of association. It enables an enrichment of the imagination, because it is not so that finished,

dabei ist ja, dass dies nicht zu einer Verengung auf Apparatives, Technisches, Mechanisches und Materielles führt, sondern zu einer Weitung, zu einer Öffnung in andere, vor allem auch inhaltliche Assoziationsräume. Es führt zu einer Bereicherung der Imagination, weil nicht fertige Bildergebnisse geliefert, sondern eigene Bilderzeugungen in der Betrachtung angeregt werden. Die Künstlerin liefert universelle Folien, Modelle, die wir konkretisieren mit unserer Erfahrung und mit unserem Bildspeicher. In der Reduktion eröffnet sich ein Weg zu Grundmustern, mit denen wir spielen können. Das kann man abstrakt oder archaisch nennen, solche Bilder sind Basiserzählungen, die sich in der sichtbaren Wirklichkeit immer wieder neu verpuppen.

In einer neueren Fotoreihe umspielt Franziska von den Driesch das Motiv und Thema des Gitters, eine Formation, die in der neueren Kunst intensiv behandelt wird. Als Raster stellt es ein Ordnungssystem dar, an dem Linien und Flächen, Formen und Formeln verankert sind. Das Gitter formuliert ein Koordinatennetz für die Lagebeschreibung der Dinge. Es fügt dem Gewachsenen eine konstruktive Rahmung hinzu. Es modelliert strukturelle Bedingungen medialer Techniken und verweist auf die Kartierung unterschiedlichster innerer und äußerer Topografien. In den hier vorliegenden Fotoarbeiten fügen sich Gitter wie Lichtnetze in den Raum, durchschneiden ihn, geben sich wie eine Haut, wie ein Tuch oder wie eine sanft Hügelkuppen aufwerfende Erhebung. Als Lichtgitter wirken sie ebenso physisch wie immateriell, wie erst durch Sehprothesen Bild gewordene Wellen oder Ströme. In ihrer zarten zeichnerischen Formatierung lassen sie auch an ein Netz denken, das die Wahrnehmung visueller Wirklichkeiten einfängt und als sensorische Beute an den Erkennungsdienst des Bewusstseins weiterleitet. Die Künstlerin versteht es, das Visuelle so leerzuräumen, dass es als Fülle aufgenommen und empfunden werden kann. Blanko – das ist dieses zauberische, erregende Anfängliche, in dem Abgeschlossenes und Eröffnendes in einem Schwebe- und Schwellenzustand zusammenfallen. Ein leeres Blatt ist nicht nichts, sondern alles, Potenz und Potenzial, in vermeintlicher Passivität fordernd, verlangend. Es kann Resonanzraum sein, aber auch Scheitern protokollieren. Zu einem leeren Blatt zurückzukehren kann eine große Befreiung sein.

Dieser Text will eine künstlerische Position einordnen, medienspezifische Zusammenhänge herstellen und Momente der Fotografiegeschichte aufrufen, an die sie anschließt. Zugleich wird der Versuch unternommen, die Arbeiten in ihrem selbstbestimmten Sein und Sinn zu verstehen. Er umkreist dieses merkwürdige Medium Fotografie, dem die Fähigkeit zu einer wahrhaftigen Dokumentation des vermeintlich Wirklichen zugeschrieben wird und das doch schon im ersten Moment des Ausschnitts, der Blendenwahl, der Belichtungszeit eine Inszenierung vornimmt. Das statische fotografische Bild ist eine komplexe Performance mit vielen Agierenden vor und hinter den Kulissen, auf der Bühne und im Parkett. In kaum einem anderen Medium

complete images are supplied, but instead that one is stimulated in one's contemplation to develop completely individual visual interpretations of what is seen. The artist supplied us with universal foils, models, which we concretize with our own personal experience and with our image memory. In this reduction, we are given access to basic patterns with which we can play. This can be seen as being abstract or archaic; such images are basic narratives that pupate again and again in visible reality.

In a recent series of photographs, Franziska von den Driesch playfully explores the motif and theme of the grid- a formation which has been addressed intensively in recent art. The grid represents a system of organization within which lines and surfaces, forms and formulas are anchored. It formulates a network of coordinates for describing the position of things. It lends a constructive framing to that which has grown. The grid models structural conditions of medial techniques and refers to the mapping of the most diverse inner and outer topographies. In the photographic works presented here, grids insert themselves into space like networks of light, intersect it, present themselves like a skin, like a cloth, or like an elevation, gently raising hilltops. As grids of light, they seem as physical as they are immaterial, like waves or currents that have only become images through visual prostheses. In their delicate graphic formatting, they also suggest a net, which captures the perception of visual realities and forwards them as sensory prey to the recognition service of consciousness. The artist knows how to empty the visual in such a way that it can be absorbed and perceived as fullness. Blankness - that is this enchanting, thrilling beginning, in which the completed and the opening coincide in a state of being suspended, on the threshold. A blank page is not nothing, but everything; potency and potential, in supposed passivity demanding, desiring. It can be a resonant space, but is also susceptible to failure. Returning to a blank page can be a great liberation.

This text aims to classify an artistic position, to establish media-specific contexts, and to address moments throughout the history of photography to which it connects. At the same time, it attempts to understand the works in their self-determined being and meaning. It revolves around this particular medium of photography, to which is ascribed the capacity for a truthful documentation of what is supposedly real, yet at the same time stages a happening, in the initial moment of cropping, choice of aperture, exposure time. The static photographic image is a complex performance with many actors in front of and behind the scenes, on stage and in the audience. In hardly any other medium can we better reflect on the construction of reality as a fluctuating result of our perception in material and mechanical mediation and dissemination. One can do this in a pleasurably contemplative way in the face of the aesthetic persuasiveness of the works at hand. I find Franziska von den Driesch's apparently austere, purist, tidy photographs to be a subtle offering

lässt sich besser über die Konstruktion der Wirklichkeit als schwankendes Ergebnis unserer Wahrnehmung in materieller und mechanischer Vermittlung und Verbreitung nachdenken. Man kann dies im Angesicht der ästhetischen Überzeugungskraft der vorliegenden Arbeiten auf eine lustvoll-kontemplative Weise tun. Ich empfinde die vermeintlich strengen, puristischen, aufgeräumten Fotografien Franziska von den Drieschs als subtiles Angebot, das sensorische und kognitive Wahrnehmung in einem produktiven Wechselverhältnis auslöst. Kein Empfinden von Schönheit ohne Reflexion. Keine schönere Reflexion als durch das Portal und im Raum des Ästhetischen.

that triggers sensory and cognitive perception in a productive reciprocal relationship. No sensation of beauty without reflection. No more beautiful reflection than through the portal and in the space of the aesthetic.

Leider
kein
Bild

Licht